업장소멸

❶ 심령문답편

安東民 著

瑞音出版社

Endowed With Psychic Power

Spiritual Chanting Cures Illness

By Chung Kyung-a

He "cures" diseases though he never prescribes medicine or performs a surgical operation. He knows the causes of illness by simply looking at the patient. He may be a superman endowed with psychic power which originated from a yoga-like cult.

Ahn Tong-min, 49, has met tens of thousands of patients whose illnesses had been termed "incurable" by medical doctors and practiced "aoum vibration" since Aug. 3 1973 when he started employing the supernatural power.

His magic remedy has been widely applied to diabetes, gastroenteric disorders, kidney troubles, leprosy, tuberculosis and even cancer and mental diseases, and he claims some 90 percent of the patients recovered sound health.

Ahn, however, insists that he does not treat but helps people gain "improved physical habitude" by means of "aoum vibration" and "aoum-vibrated water" into a state in which natural self-healing power of a man can fully operate.

The "aoum vibration" which characterizes his psychic power is, according to him, a vital energy in the form of a vibrating sound heard at the beginning of the universe which the creator used in giving life to every creature.

"I learned about the mysterious 'aoum vibration' during a casual reading of a book title "Life of Hermits in the Himalays" which presented a vivid description of occultism including the practice of yoga and other mysticism. Then came revelation in 1973 and I mastered the articulation of 'aoum' which can generate special electricity with the help of two out — stretched hands," Ahn recalled.

His one-minute-long "aoum vibration" includes repetition of "aoum" and the phrases "aoum, aoum, aoum mani ban mae hum" which sounds like a prayer or spell chanting.

"The human body exposed to this 'aoum vibration' undergoes immediately a kind of power-generating mechanism in its more than 100 billion cells which function as biochemical batteries.

"The biochemical energy accumulated inside a human body by the oscillation then can purge various poisonous gases and materials which have been stored from polluted food and environmental contamination, helping human organs develop 'improvement of habitude,'' he said.

In addition, in early 1976, Ahn discovered that water exposed to "aoum vibration" could facilitate the transformation of physical habitude, driving out so-called incurable diseases and illnesses.

"I found that natural water in Korea can be turned into life-giving water simply by being subjected to my 'aoum vibration.' Furthermore, I discovered that the oscillation recorded on a cassette tape can fully re-create the original effect," he said.

A chemical report on the mysterious water in 1976 by the National Institute of Health shows that the life-giving water" contains much less contaminants than the faucet water from which it was made.

The real magic water, apparently the same as normal piped water or natural water, however, has had miraculous effect on patients who have drunk some two liters of it a day for 100 days.

"The processed plain water performs a purge by rapidly uniting with and washing away poisonous materials, Ahn said.

According to Ahn, his vibrated water freezes at -5°C. Oddly, the water placed in a room into which deadly anthracite coal gas has seeped can protect lives from the winter killer by absorbing the gas.

Thousandsof sufferers from diabetes, arthritis, gastroenteric disorders, kidney troubles, tuberculosis, cancer, liver sclerosis, cerebral paralysis and mental disorders have recovered their normal health by drinking the "life-giving water, though he denies having "cured" them, but claims to "have helped them improve their physical constitution."

Ahn Tong-min, a psychic with penetrating eyes, gives "aoum vibration" to a small boy suffering from fatigue and lethargy without a feasible reason in his home at Samchong-dong, central Seoul Wednesday.

The wonder water also cures ozena and develops the intelligence of retarded children. Even athlete's foot and various skin diseases can be treated by dipping the affected part in the water.

Kim Mak-lae, 40, living in western Seoul, came to Ahn's house on his friend's back in late May this year. He could not walk because of chronic rheumatism in his knees and had suffered kidney and liver diseases for some five years.

He started drinking the "life-giving water," while waiting his turn and after four hours he found he had finished half a kettle.

Then occurred a miracle. The man who suffered abdominal dropsy because of bad kidney function experienced an "unexpected discharge" of the troublesome abdominal dropsy.

"Furthermore, I could stand upright for the first time in five years, a fact which I could hardly believe," he recalled.

Kim has continued drinking "aoum-vibrated water" since then and he can now walk normally after a series of "aoum vibrations" by Ahn.

Soh Ung-sop was a 17-year-old mentally retarded and over-weight boy when he first came to Ahn's house. Ahn saw at first glance a pig's spirit possessed his soul.

"And after the purge, Soh showed a remarkable progress in intelligence - developing training. Now he can learn, think and act as an ordinary boy does," Mrs. Pak Chi-hye, mother of the boy, said.

After more than three years' publicizing of his "life-giving water," the "aoum-vibrated water" drinkers' group has been joined by numerous people from various walks of life.

Among the wonder water drinkers are such well-known persons as Chong Chae-dong the Seoul Philharmonic Orchestra conductor; novelist Mrs. Han Mal-suk; lawyer Min Hung-shik; Dr. Pak Won-son, a member of the National Academy of Sciences; and Ahn Tong-jun, a former lawmaker.

Herb doctor Pak In-song of the Koryongdang herb clinic in Chechon, Chungchong-namdo also drinks the cure-all water and Dr. Im Pyong-mo, a physician in Inchon, Kyonggi-do has also joined Ahn's oscillated water drinking society.

Lee Myong-bok, a doctorate holder in medicine and former anatomy professor at the Seoul National University College of Medicine, however, remains a little sceptical about the effects of the magic water, though he has been drinking it.

"My 30-year-old daughter Hye-gyong was suffering incurable leukemia, when I heard of the mysterious Ahn Tong-min in April this year. She has been drinking the water since then and seems to be out of the deadly illness. But I am still not sure its sole effect, because she underwent both 'aoum' remedy and a nature cure," Lee said.

From interviews with patients, Ahn has learned to diagnose people's diseases by watching the color of a man's face and two palms.

For his psychic power, he has been sometimes investigated on espionage charges or persecuted as a deceitful occultist.

Regardless of whether the public believes in his psychic power or not, more than 30 patients make a long queue for a turn at Ahn house from early morning and return home happy with his almost cure-all "aoum-vibration" remedy these days.

Open UK

〈코리아 · 타임스〉에 소개된 저자

시할아버지의 망령이 빙의된 모습

6개월 이상 옴 진동수를 마시고
제령하여 완전히 변한 모습.

머 리 말

필자가 하나의 소설가에서 심령연구자로 변신(變身)을 한지 20년이 넘는다.

본래 철저한 무신론자(無神論者)였던 필자가 나이 마흔살에 일종의 가사상태를 체험함으로써 그때까지 전혀 몰랐었던 심령세계가 존재함을 믿지 않을 수 없게 된 것이 동기가 되어 필자는 상식으로서는 납득할 수 없는 많은 이상한 경험을 해야만 했다.

또한 태양 에너지를 이용하여 제3의 눈을 개발, 숙명통(宿命通)을 얻음으로서 필자는 몇만명이 넘는 많은 사람들의 전생(前生)을 보아 주었다.

한국에서 줄 잡아 5만 명, 일본에서 6천 명 정도의 많은 사람들이 필자가 경영하는 체질개선연구원의 준회원(準會員)이 되었고, 의사는 아니면서도 각종 암을 위시하여 정신병에 이르기까지 이른바 현대의학으로 치유되지 못하는 각종 난치병을 완치시켰는데, 라이센스만 없다뿐, 필자는 의학 분야에서도 나름대로 유익한 일을 하고 있지 않나 자부심을 갖게 되었다.

지금까지 연인원(延人員)으로 치면 24만 명이 넘는 수많은 사람들을 상대한 셈이 된다. 그 중에는 전문인인 의사들도 많았다.

지금까지 일반에게 전혀 알려지지 않았던 '옴 진동'의 비밀을 알아내어 물을 변화시킬 수 있는 방법을 알아낸 것은 세계적인 발견이라고 생각된다.

한편 거의 매일과 같이 필자에게는 많은 문의편지가 날아들고 있는데 가능한 한 답장을 쓰고는 있지만 똑같은, 내지는 비슷한 질문에 대하여 같은 대답을 한없이 되풀이 한다는 것은 여간 힘든 일이 아니다.

그래서 몇년 전에 그 많은 문의편지에서 공통적으로 나타나 있는 의문에 대한 대답을 한데 엮어서 《심령문답》이라는 책을 집필한 바가 있다.

그뒤 10년이 지나는 동안, 필자는 심령문제에 대하여 전에는 몰랐던 많은 새로운 사실들을 발견했기에 진작부터 개정판(改訂版)을 낼 필요를 느껴 왔었다.

필자가 겪은 공통된 체험을 정리분석하다가 보니까, 여지껏 아무도 몰랐던 새로운 우주의 법칙을 알아냈기 때문에, 또한 그것은 많은 종교에서도 속시원히 해결하지 못한 문제이기에 이번에 그것들을 정리 발표하기로 한 것이다.

이 책을 읽으면 심령문제에 대한 대부분의 사람들이 갖고 있는 많은 의문들이 절로 풀리리라고 생각한다.

그 결과, 독자 여러분들이 확고한 사생관(死生觀)을 갖게 되어 행복한 생활을 해 나가는데 도움이 될 수 있다면 그 이상 가는 다행은 없다고 생각한다.

安東民

업장소멸 · ① 차례

제 3 장 초능력의 세계

제 6 장 사람은 왜 병들게 되는가?

제 1 장

인간의 정체

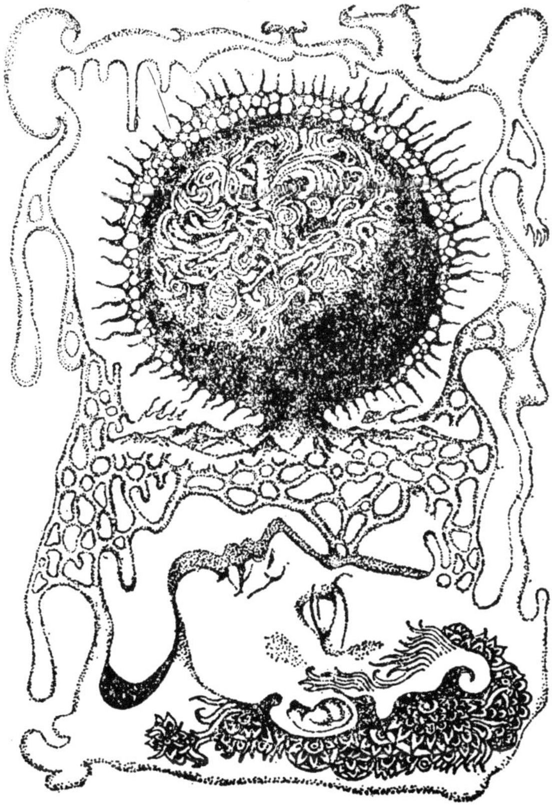

1. 인간이란 무엇인가?

인간이란 무엇인가? 라는 말은 가장 쉬우면서도 가장 어려운 질문이다. 한마디로 말해서 그것은 인간이란 무엇인가 하는 의문이 아닌가 한다.

얼마전까지만 해도 인간이란 육체와 더불어 영혼을 지닌 존재이며, 사람이 죽으면 영혼은 그 육체에서 빠져 나와 보통 저승이라고 불리우는 유계(幽界)로 가는 것이며, 육체와는 관계없이 단독으로도 존재하는 것으로 알고 있었다. 그러나 근래에 와서는 인간의 마음이란 육체의 죽음과 더불어 없어지는 것으로 아는 사람들이 많다.

심령과학에서는 인간은 육체 속에 유체(幽體)·영체(靈體)·신체(神體)를 갖고 있다고 보는 게 정설이다. 또한 유체는 육체와 일종의 에텔체로 된 끈으로 연결되어 있으며, 이 끈이 육체에서 분리되는 순간에 죽음이 온다고 풀이하고 있다.

필자가 발견한 바에 의하면 인간의 육체란 탄소형 생명체(炭素型生命體)이며, 유체(幽體)를 포함한 나머지 에텔체는 일종의 전자파(電磁波) 에너지 생명체라고 본다.

이 우주에 에너지가 존재하는 한 생명이 끊어지지 않는게 인간의 영혼에 해당되는 '전자파 에너지 생명체'이며, 살아있는 인간의 육체 속에 갇혀 있는 영혼은 육체를 통하여 '생명 에너지'를 공급받고 그 대신 유독(有毒)개스를 경락을 통하여 몸 밖으로 내어 보내는 것이다.

인간의 영혼은 육체의 도움을 얻어서 생명 에너지의 대사작용(代謝作用)을 하며, 재생(再生)을 통해 많은 경험을 쌓아 성장한다.

또한 염력(念力)에 의해 생령(生靈)을 발생시키기도 하고, 또는 육체 탄생 이전에 분령(分靈)을 해서 바이러스와 같이 자기의 개체(個體)를 늘리기도 하는 독특한 생식 방법을 택하는 것이다.

무릇 생명체에는 세가지 조직 즉, 에너지 대사작용이 있어야 하고, 성장을 하며, 자기와 같은 개체를 재생시켜야 하는데, 그런 점에서 인간의 영혼은 훌륭한 생명체라고 할 수 있다고 본다.

인간이란 수많은 재생과정을 밟아서 마지막에는 신적(神的)인 존재로 진화되어 가게 되어 있는 불멸의 영혼을 가진 존재인 것이다.

2. 사람은 죽으면 어떻게 되나?

사람은 죽으면 그 육체는 화장을 하거나 매장되어서 결국 본래의 모습인 흙의 원소(元素)로 돌아간다. 그러나 육체 속에 깃들여 있었던 영혼은 육체의 기능이 다해 죽음이 오는 순간 육체와 연결되어 있던 유체(幽體)의 끈은 끊어지게 되고, 그 순간 육체에서 이탈을 하게 된다.

평소에 신앙심이 두터웠거나 심령학적인 지식이 풍부하여 미리 죽음에 대비했던 사람들에게는 곧 보호령 (또는 보호천사, 보호신장이라고함)이 나타나 저승인 유계(幽界)로 떠나게 된다. 그러나 그렇지 못한 경우에는 대개 48일 동안 그대로 방치된다.

이 기간 동안에는 영혼은 비록 육체에서 이탈이 되었지만 저승에 간 것이 아니며 이승에 그냥 남아 있게 된다.

이때 살아있는 사람의 몸에 들어오면 빙의령이 되며, 유계(幽界)로 가서 심판을 받고 다시 재생(再生)할 수 있는 기회를 잃게 된다.

무신론자(無神論者)였던 사람의 영혼이 산 사람의 몸에 들어오게 되면 대개는 자기가 죽었다는 사실을 모르게 되고, 죽기 직전의 상태가 영원히 계속된다. 따라서 간암으로 죽은 사람이 산 사람의 몸 속에 들어와서 자기가 간암을 앓고 있다고 계속 생각하면 오래지 않아 빙의당한 사람도 같은 병을 앓게 된다.

죽음의 공포때문에 의식을 잃은 영혼은 기절한 상태에서 보호령들에 의해 유계(幽界)로 운반되고, 끝내 기절한 상태에서 심판을 받고 다시 보호령에 의해 재생의 과정을 밟는 경우도 많다.

이런 사람들은 주관적으로는 저승에 가본 일이 없기 때문에 다시 태어나도 여전히 무신론자로서 남아있게 마련이다. 이 보다 훨씬 진화(進化)된 영혼은 곧장 유계(幽界)로 가서 어느 기간 동안 그곳에서 생활한 뒤, 생전에 했던 일에 따라서 다시 재생(再生)을 하게 된다.

인간으로 재생된 영혼은 생후 6개월에서 1년 동안은 전생에 대한 기억을 간직, 숨어 버리게 되어 기억을 못하게 된다. 물론 유계에서 똑바로 영계 또는 신계(神界)로 올라가는 영혼도 있다.

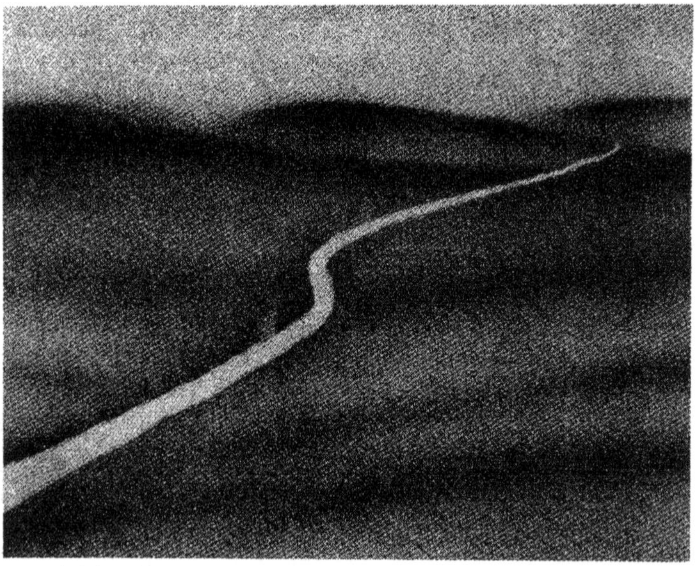

망자(亡者)가 보게 되는 대표적인 풍경 —— 망망한 초원 사이에 한줄기 빛나는 삼도천(三途川)

3. 사람이 재생하는 것은 사실인가?

사람이 죽은 뒤에 그 영혼이 다시 새로운 육체의 주인공으로 태어나는 것은 너무나 분명한 일이다.

성인(聖人)들은 전생에서의 기억을 갖고 있다는 이야기가 있으며, 불타(佛陀)는 본생경(本生經)이라고 해서 무려 500생(生)에 대한 기록을 남기고 있다. 성인이 아니더라도 보통 사람도 간혹 희미하게나마 전생에 있었던 일을 기억하는 수는 많다.

처음 가본 곳인데 낯이 익은 곳이라든가 처음 만난 사람이 어디서 많이 본것 같이 느껴지는 경우는 우리가 흔히 경험하는 일이다.

전생에서의 육체적인 특징, 이를테면 허벅지에 붉은 반점이 있었다든가 하는 것을 증거로 갖고 태어나는 수도 많다.

교통사고로 죽은 아들이 어머니의 꿈 속에 나타나서 '나는 다시 어머니의 아들로 태어날 거예요'하고 말한 뒤 태기(胎氣)가 있어서 아들을 낳았더니 그 모습이 죽은 아이와 같았다는 이야기를 필자의 외사촌 누이동생에게서 들은 일이 있다.

남자들 끼리 동성애(同性愛)를 하는 경우를 보면, 반드시 한쪽이 여자 구실을 하게 되는데, 그것은 그가 전생에서 여자였다는 증거가 아닌가 싶다. 여자들의 동성애의 경우도 마찬가지라고 보면 틀림 없다.

사람이 다시 태어나는 데는 그럴만한 이유가 있다.

첫째는 누구나 깨닫고 죽는 것이 아니기 때문에 이승에 대한 미련이 있게 마련이다. 또 가족이나 가까운 사람들의 죽은 사람에 대한 애착도 재생의 원인이 된다.

본인 자신의 이승에 대한 미련과 가까운 사람들의 애착이 인간의 영혼을 다시 이승으로 불러오는 두가지 힘이 아닌가 한다. 그래서 재생하지 않는 것을 수도(修道)의 궁극적인 목적으로 삼고 있는 불교에서는 엄격한 훈련을 통하여 오욕(五慾)과 108번뇌를 끊어서 이승으로 다시 태어나는 동기를 없애려고 한 것이 아닌가 한다.

많은 재생을 통하여 우주의 진리를 완전히 깨달은 영혼이나 이승에서 아주 큰 일을 해서 더이상 태어날 필요가 없어진 영혼들은 개인의 보호령인 토지신(土地神) 또는 나라의 수호신이 되어 다시 인간으로 태어나지를 않는 것이다.

4. 사람은 다시 태어날 때 똑같은 개성을 갖게 되는가?

우리가 얼른 생각하기에 죽은 사람의 영혼이 다시 태어난다면 똑같은 개성을 갖고 태어날 것 같으나 그렇지가 않다.

만일 죽은 사람의 영혼이 다시 태어나는 과정에서 전과 똑같은 개성을 갖고 태어난다면 전생의 연장이 될뿐, 애써 죽었다가 다시 태어나는 의의(意義)가 거의 없다고 생각이 되기 때문이다.

필자가 알기에 사람의 영혼은 재생하는 과정에서 분령(分靈)도 하고, 또 저승에서 여러 영혼과 합체(合體)가 되어서 복합령(複合靈)으로 태어나기도 하지만, 그보다도 더 중요한 것은 재생하는 영혼에게 새로운 육체를 만들어 주는 부모가 그들의 개성과 육체적인 특징의 영향을 준다는 사실을 잊어서는 안된다.

전생에서의 기억과 개성은 재생하는 인간의 잠재의식과 무의식, 또는 초자아(超自我)속에 간직될 뿐, 나타난 개성은 육체를 부여해 준 부모의 성격을 고루 배합해서 물려받거나, 또는 어느 한쪽의 영향을 크게 받는게 아닌가 한다.

그러나 생후 6개월에서 1년 사이에는 전생에서의 용모와 성격이 어느 정도 두드러지게 나타나는 것이다. 허지만 그 기간이 지나면 얼굴 모습도 바뀌게 되고 전생에서의 개성도 무의식의 세계 속에 숨어버리게 되는 것이다.

필자의 선친이 돌아가신 뒤에 막내딸로 재생한 경우를 보면 생후 1년 까지는 전생에서의 마지막 모습과 같았었고 필자와 텔레파시로 대화까지 주고 받았으나 그뒤 1년이 지나면서 얼굴 모습도 바뀌었고 성격도 필자 부부의 개성을 많이 닮아가는 것을 관찰한 경우가 있었다.

이것은 하나의 특수한 예에 지나지 않을지 모르지만, 임상 실험으로서는 매우 귀중한 자료라고 생각된다.

완전히 우주의 진리를 다시 태어날 필요가 없어진 고급영이 자신의 뚜렷한 의지로 재생했다고 생각되는 많은 성인(聖人)들의 경우는 다시 태어날 때 거의 같은 개성을 갖고 태어나는게 아닌가 생각된다.

5. 남자가 여자로 태어나거나 여자가 남자로 재생하는 경우도 있는가?

이같은 일은 아주 많다고 본다.

남자로서 아내를 비롯하여 많은 여성들을 괴롭히고 아무런 반성도 없었던 사람들은 자타여일(自他如一)이라는 우주의 진리를 배우기 위하여 틀림없이 다음에는 여성으로 태어나게 된다.

자녀와 남편의 외도때문에 몹시 고통을 받는 부인들의 전생을 영사(靈査)해 보면 거의 전부가 전생에서는 남자였고, 현재의 남편이 전생에서는 그녀의 부인이었음을 알 수가 있다.

이런 사실을 깊이 깨닫고 뉘우칠때 그 부인은 남편을 원망하지 않게 되고, 여자다운 따뜻한 마음으로 돌아갈 수가 있었고, 그렇게 되면 그녀는 속죄가 끝나는게 아닌가 싶다.

왜냐하면 대개의 경우 부인의 태도가 바뀜에 따라서 그 가족들의 부인에 대한 태도가 달라지게 마련이고, 남편도 다시 가정으로 돌아오는게 대부분의 경우이다. 반대로 전생에서 여성으로서 모든 고난을 겪을 대로 겪은 나머지 남자가 되기를 간절히 원한 여성들은 대개 재생되는 과정에서 남자가 되는게 아닌가 한다.

남자이면서도 여자와 같은 외모와 성격, 또한 여자와 같은 엉덩이가 큰 남성들은 여자가 남자로 태어난 경우라고 생각하면 무방할 줄 안다. 또한 세번째 경우는 전생에서 여성으로서 행복한 생활을 했기에 다시 태어나도 여자가 되고 싶다고 생각한 사람들은 여자로 다시 태어나지 않나 생각한다.

여성이라고 해도 다소는 남성적인 요소가 있게 마련인데, 아주 순수한 여성을 더러 보는 일이 있는데 이런 분들은 전생에서도 여성이었다고 생각하면 틀림없다.

이것은 남자의 경우도 마찬가지로서 어디로 보나 씩씩한 남자요 남자로서의 모든 장점을 갖춘 남성은 전생에서도 남자였던 사람인 것이다.

그런가 하면 남성과 여성의 영혼이 합체(合體)가 되어서 태어나는 경우도 있는데, 이런 사람들은 남녀 양성(兩性)의 특징을 다 갖추고 있게 마련이고, 사회에서 이름을 떨치는 이들 가운데에는 이런 사람들이 많다.

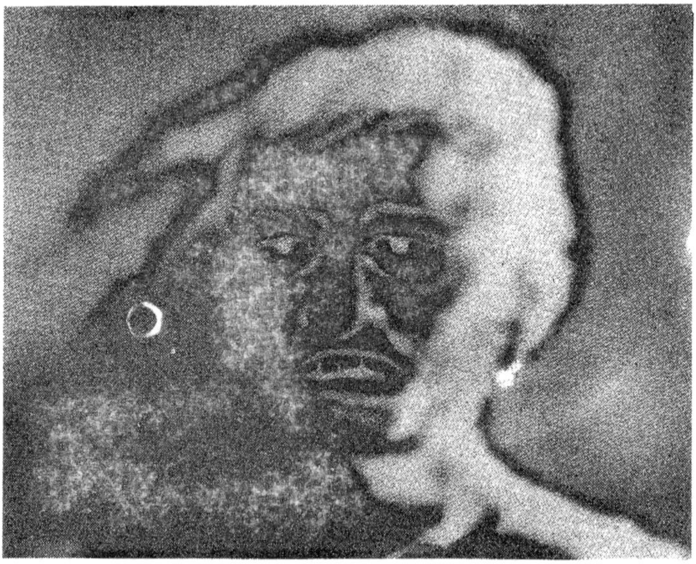

영능자 A 씨의 영시(靈視)에 떠오른 고민하는 유체(幽體) 모습

6. 식물이나 동물에게도 영혼이 있는가?

식물이나 동물에게 영혼이 있는가 없는가? 하는 질문에 대해서 대답하기 전에 인간의 영혼에 대한 보충 설명부터 하는 게 좋을 것 같다.

지난 100년 동안 심령과학이 연구해서 밝혀놓은 바에 의하면 인간의 육체에는 삼혼칠백(三魂七魄)이 깃들이고 있으며 이 가운데 삼혼(三魂)이란 사혼(思魂)·언혼(言魂)·황혼(荒魂)을 뜻하며 칠백(七魄)은 육체의 일곱가지 중요한 기관의 작용을 맡고 있고, 사혼은 생각하는 능력, 언혼은 말하는 능력, 황혼은 생명력을 맡고 있다고 했다.

또한 영(靈)은 영체(靈體)가 거의 발달되어 있지 않은 보통 사람의 몸에는 깃들이지 않고 있으며 평상시에는 영계(靈界)에 거주하고 가끔가다 영감(靈感)의 형태로 찾아 올 따름이다.

심신의 수련이 극치에 달하여 영체(靈體)가 완전한 발달된 영각자(靈覺者)와 기독교에서 말하는 이른바 성령(聖靈)을 받은 자, 불교에서 말하는 각(覺)한 자에게는 진아(眞我)인 영이 항상 몸에 깃들일 수 있는 것이다.

우리 한국과 일본이 바다를 사이에 두고 따로 떨어져 있으나 그 밑은 해저(海底)에서 하나로 연결이 되어 있듯이 각자의 영, 즉 진아(眞我)는 모두 하나로 맺어져 있으며, 또한 우주의식 속에 포함이 되어 있는 것이다.

식물이나 동물에게도 물론 혼은 있다. 또한 영도 있다고 보아야 할 것이다. 식물이나 동물이 대체로 대자연의 법칙대로 사는 것으로 보면 그들이 보편의식인 우주의식과 연결이 되어 있음을 알 수가 있다. 그렇다면 인간과의 차이는 무엇인가 하는 의문이 생겨 난다.

식물과 동물은 인간보다는 덜 진화된 상태에 있는 혼을 가진 상태에 놓여 있다고 보아야 할 것이다. 죽은 사람들이 보내 온 믿을 만한 영계 통신에 의하면 유계와 영계에도 동물과 식물이 있다고 했다.

식물과 동물이 사람에게 먹힘으로서 그들은 자기 희생에 의한 봉사를 하는게 되어 그것이 진화하는 방법이 아닌가 한다.

인간이 죄를 지어 동물의 육체에 깃들여서 속죄를 함으로써 다시 인간으로 언젠가는 환원할 수 있는 것도 같은 이유에서이다.

7. 사람이 동물로 태어나거나 동물이 사람이 될수 도 있는가?

사람의 혼이 동물의 육체 속에 깃들여 태어난다고 하기 보다는 동물의 혼은 따로 존재하고 사람의 혼이 동물의 육체에 빙의되는 것이라고 해석하는게 옳다. 전생에서 개를 많이 죽인 사람의 혼이 다시 재생할 때 개의 몸에 빙의가 되어서 태어나게 되고, 그 개가 사람에게 먹힘으로서 다시 인간에게 빙의된 예를 필자는 수없이 경험했다.

인간의 혼이 동물의 육체에 빙의되는 것은 어디까지나 전생에서의 잘못때문이며, 따라서 그는 전생에서 인간이었다는 의식을 그대로 갖게 되는 것이다.

인간의 혼이 덜 진화가 된 동물의 몸에 깃들여 산다는 것은 마치 교도소에 갇혀 있는 사람과 같으며, 대개의 경우는, 이런 상태를 만든 자기 자신의 과거의 행동에 대해서 후회를 하게 마련이다.

이 우주를 지배하는 법칙은 크게 나누어서 인과율(因果律)과 자타여일(自他如一), 공존공영(共存共榮)의 세가지이다. 자기의 잘못을 완전히 깨닫고, 속죄 행위가 끝나면 동물이나 식물에 빙의되었던 인간의 혼은 다시 인간으로서 재생되는 것이다.

선량(善良)하기 이를데 없는 사람들은 대체로 이런 과정을 전부 마스터한 사람들이다. 반대로 동물이 더 이상 동물로서 태어날 필요가 없게 되어 인간으로 진화가 되어 인간이 되는 경우가 있다. 이런 경우, 식물과 동물의 혼이 인간으로 재생한 경우에는 대체로 항상 소외감을 갖게 되고, 보통 사람보다는 영감(靈感)이 발달된 특징을 갖는다.

배우라든가 가수들은 동물령이 인간으로 진화되어서 인간사회에 봉사를 하는 그런 경우가 많다.

과거에 높은 자리에 있었던 사람들이 그때 저지른 죄를 속죄하기 위해 배우나 가수가 되는 경우도 많다. 많은 성직자들 가운데에도 동물령이 인간으로 진화된 경우도 있다. 그들이 사회생활이나 결혼생활에 잘 적응을 못하는 것도 낯선 곳에 온 존재이기 때문이다.

8. 인간의 혼이 여럿으로 갈라져서 다시 태어나는 경우도 있는가?

물론이다. 인간의 혼이 죽었다가 그대로 재생하는 것으로 알고 있는 것은 분명히 잘못된 생각이다. 우리가 거듭 태어나는 것은 이 우주의 진리를 완전히 깨달아서 육체나 유체 또는 영체까지도 벗어버리는 상태에서 개성을 지닌채 우주대령(宇宙大靈)과 하나가 되는 것이 목적이다.

때문에 끝없는 분령(分靈)을 한 뒤에 죽으면 다시 합해져서 지혜로운 존재가 되기 위하여 인간의 혼은 분령현상(分靈現象)을 일으켜 여러 사람으로서의 경험을 얻을 필요가 있는 것이다.

이 지구 위에 살고 있는 사람은 모두 다른 얼굴을 갖고 있고, 한 사람도 같은 사람은 없는 것 같지만 그렇지가 않다.

국내 배우와 똑같은 용모에다가 비슷한 성격을 가진 미국 배우들을 우리는 얼마든지 찾아볼 수가 있다.

또 한사람의 위대한 지도자가 나타났을때, 그의 분령(分靈)들은 자기도 모르게 파장(波長)이 같으므로서 그 지도자에게 생명력을 공급해 주게 되고, 본인 자신의 낙후된 생활을 해야만 하는 경우도 많다는 것을 필자는 직접 체험한 바가 있다.

이것은 마치 집안에 설치된 수도관에서 어느 한 수도꼭지에서 물을 많이 쏟아내면 다른 수도꼭지에서는 물이 덜 나오는 것과 같은 이치이다.

이런 경우, 그런 지도자가 죽게 되면 그 순간, 그에게 자기도 모르게 생명력을 공급해 주고 있던 사람들은 다시 기운을 차리게 된다. 이런 현상을 필자는 많이 보아 왔다.

어느 분야에서든지 큰 일을 하는 사람은 자기의 분령들로서 사람으로 태어난 분신들의 많은 도움을 받고 있다는 것을 알아야 하며, 그들에게 감사하는 마음을 가져야 된다고 본다.

인간은 어디까지나 육체적인 존재일뿐, 숨을 거두는 순간에 모든 의식은 소멸된다는 생각이 있고, 또 인간에게는 혼이 있으며 육체가 죽은 뒤에도 혼은 새로운 육체를 갖고 재생한다는 생각이 있지만, 혼이 육체가 죽은 뒤에 분령을 해서 여러 사람으로 태어난다는 것은 아직까지는 하나의 가설일뿐 정설은 아닌 것이다.

9. 여러 사람의 혼이 집단으로 하나가 되어서 태어나는 경우도 있는가?

재생(再生)하는 목적이 같은 영혼들끼리 유계(幽界) 또는 영계(靈界)에서 하나로 합체가 되어서 한 육체에 깃들여서 태어나는 경우가 있다.

흔히 셰스피어는 만인(萬人)의 마음을 가진 사람이었다는 말을 듣는다. 대문호(大文豪)에 속하는 사람들도 역시 한 몸에 많은 혼이 깃들여서 태어난 사람들인 것이다.

어디 문학가 뿐이랴. 나라를 크게 일으킨 대정치가, 뛰어난 성격 배우들, 레오날드 · 다빈치나, 토마스 · 에디슨 같은 사람들, 다시 말해서 인류 문명의 수레바퀴를 돌린 위대한 인물들은 모두 한결같이 복합령을 갖고 태어난 사람들이라고 보는게 정확한다.

어떤 사람들은 그렇게 말할지도 모른다. 다양한 재능과 복합한 성격은 다른 사람들보다 더 많이 재생을 했기에 얻어진 결과일 것이라고. 물론 그 말도 틀리는 것은 아니다. 그러나 그보다는 인간의 혼이 나누어 질수 있는 것이라면 그 반대 현상도 절대 가능하다고 보는 게 옳을 것 같다.

전혀 모순된 성격과 재능을 가진 사람들의 경우를 볼때, 그들의 혼이 복합령이기 때문이라고 생각하면 얼른 납득이 가지 않는가.

필자의 경우만 보아도 전혀 반대되는 성격들이 한 몸안에 존재하고 있음을 항상 느끼며 살고 있다. 소설을 써온 필자의 마음과 현재의 심령능력자는 같은 몸이긴 하나 전혀 다른 마음인 것이다.

망자가 경험하게 되는 광경 —— 삼도천 위에서 음악에 따라 춤추는 천녀(天女)들

작가로서 활동하던 40대 이전의 필자는 단 한번도 의사가 되겠다든가, 심령과학도가 되리라는 꿈을 가져 본 일이 없었다.

작가로서, 출판업자로서 성공을 하지 못한 데는 오늘날의 필자를 움직이는 전혀 다른 마음이 분명히 제동을 걸었기 때문이라고 생각한다.

지금의 필자를 두고 보면, 작가로서 수련을 해서 얻은 문필가로서의 능력이 심령능력자를 위해서 활용되고 있는 경우이며, 그전에는 초자아(超自我)속에 깊숙히 숨어 있던 마음이 주인공이 되어서 40대 이전의 필자의 개성은 완전히 그 지배아래 놓여 있는 상태인 것이다.

이때문에 갈등도 많았지만, 현재는 과거의 개성은 복종하는 형태로 남아 있는 상태이다.

10. 어째서 죽은 사람의 혼이 살아있는 사람에게 빙의되는가?

육체를 떠난 영혼은 생전에 자신을 보호해 주던 보호령들의 안내를 받아 유계(幽界)로 돌아가야만 한다. 유계로 돌아간 영혼만이 다시 인간으로 재생할 수 있고, 또한 유계보다 높은 곳인 영계(靈界)나 신계(神界)로 올라갈 수 있도록 수양하는 곳이 바로 유계이기 때문이다.

유계에서 수양을 쌓는 동안 유체는 완전히 발달을 하게 되고 스스로의 힘으로 우수의 생명력을 흡수할 수 있는 완성된 유체인간(幽體人間)으로서의 변모가 이루어지게 되는 것이다.

이렇게 유체 인간으로서 완성된 존재는 새삼스럽게 남의 육체 속에 빙의할 필요도 없고, 혼자서 살아갈 수 있지만, 육체 속에서 조금 전에 빠져 나온, 이른바 죽은 자의 혼은 육체의 도움없이는 스스로 필요로 하는 생명력인 에너지의 공급을 받을 수 없는 미완성체인 유체 인간이며, 또한 자기도 모르게 육체 속에 갇히기 쉬운(빙의되기 쉬운) 존재이다.

죽은 육체에서 빠져나온 망령(亡靈)이 살아있는 인간의 육체 속에 기생하는 빙의현상은 대체로 다음 몇가지 경우도 분류가 된다.

첫째는 죽은 사람에 대한 살아있는 가족들의 지극한 애착심이 육체 속에 빨려 들어가기 쉬운 미완성체인 유체를 몸 속으로 끌어들이는 경우이다. 아기, 또는 배우자의 혼이 빙의되는 경우이다.

다음은 원한을 가진 망령의 고의(故意)에 의한 빙의현상을 들수가 있다.

다음은, 빙의된 조상 또는 배우자의 혼이 자기 자신이 빙의한 사람의 보호령이 된 것으로 착각을 하는 경우가 있다. 필자는 실제 경험을 통해서 이런 일을 수없이 겪은바 있다.

보호령인줄 착각을 하고 있는 빙의령은 본질적으로 선의를 지닌 존재이기에 쉽사리 '제령'이 되지만, 죽은 이에 대한 애착심과 죽은 사람의 살아있는 가족에 대한 애착심의 파장이 서로 맞아서 빙의가 된 경우는 두 편에게 다같이 우주의 법칙을 납득시켜서 천리(天理)를 따를 마음을 일으키게 하지 않고서는 제령은 힘이 들게 마련이다.

11. 불교에서는 재생설(再生說)이 있으나 하나님에 대한 이야기가 없고, 기독교에서는 윤회설은 없는데 그 이유는 무엇인가?

불교가 발생하던 당시의 고대 인도(古代印度)의 상황을 보면 사람들의 마음이 극도로 타락해서 악(惡)을 행하는 것을 예사로 했고, 양심(良心)의 가책을 별로 받지 않는 그런 사회였던게 아닌가 한다.

그래서 불타께서는 이 우주를 지배하는 인과율(因果律)과 일체(一切)는 유심조(唯心造)라는 사상을 불교의 가르침의 근본으로 삼은게 아닌가 생각한다.

각자의 운명은 스스로가 행하기에 달렸다는 사상은 자연히 하나님께 의존하고 참회를 통하여 용서받는 것과는 거리가 먼 생각이다.

자기가 만든 원인은 반드시 언젠가는 결과가 되어서 자기에게 돌아온다는 사상, 선인선과(善因善果) 악인악과(惡因惡果)의 불교 사상은 그래서 생겨난 것이라고 본다. 그러나 불교도 세월이 흐름에 따라서 부처님께 의존하여 열심히 기도하면 구제된다는 기독교와 유사한 형태로 변한 것이다.

이것은 더 많은 신도(信徒)를 확보하려는 포교 활동에서 부처님이 어느덧 기독교의 하나님 자리에 앉게 된 것이 아닌가 한다.

한편 기독교에는 윤회사상은 없다. 성경을 보면 예수께서 '엘리야는 이미 왔다'고 하시어 세례 요한이 엘리야의 전생임을 암시한 대목이 있다. 그러나 기독교는 로마 제국이 그들의 식민지 통치를 보다 쉽게 하기 위하여 기독교를 학대하던 종래의 방침을 바꾸어 로마 제국의 국교(國教)로 삼았다는 사실을 잊어서는 안된다.

이 때만 해도 현재의 신약말고도 많은 외경(外經)이 있었으나 이것은 로마 제국의 기독교 창립자들이 고의로 없앤 것이다.

아무리 죄를 졌더라도 기독교에 귀의만 하고 예수께 열심히 기도를 드리면 죄를 용서 받는다는 사상은 식민지 백성들을 되도록 짧은 시일 안에 신도로 만들기 위한 방편이었다고 본다.

예수의 십자가 처형은 다른 사람들의 죄(앞으로 태어날 사람들이 지을 죄까지 포함)를 대신 속죄하기 위한 것이 아니고, 부활을 통하여 인간의 영혼이 영생하는 존재임을 밝히려 한 것이라는 것이 옳은 해석일 것이다.

12. 많은 학자들이 멀지 않아 인류는 자원 부족과 각종 공해로 멸망할 것이라고 하는데……

물론 현재의 상황이 그대로 계속된다면 인류는 틀림없이 멀지 않은 장래에 멸망될 것으로 생각된다.

자원 부족을 달리 해결할 수 있는 방법도 없을 뿐더러 날로 더불어 심해 가기만 하는 각종 공해가 인간뿐 아니라 지구 위의 모든 생명체들을 좀먹고 있는 현실을 우리는 결코 외면할 수가 없기 때문이다. 이미 거의 모든 종교들은 지구 위에서의 인류의 종말을 받아 들이고 있는 것이며, 또다시 죽은 뒤의 영혼의 구제를 외치고 있는 것이다.

하지만 살아서 구제받지 못한 인류가 죽어서 천국에 갈 수 있다는 것은 어딘가 모순이 많다.

살아있는 상태에서 전인류가 사악(邪惡)한 마음을 버리고 선(善)해질 수 있는 방법만 있다면 인류는 절대로 멸망하지 않고 살아남을 수 있다고 본다.

최근에 일어나고 있는 이란 사태를 보면 소위 알라의 신을 믿는다는 사람들이 죄없는 사람들을 인질로 하는 따위의 범죄 행위를 국가의 이름으로 서슴치 않고 자행, 그것을 이용하여 자기 나라의 이익을 추구하는 행동을 한다는 것은 천인공노할 일이다.

이것이 성공한다면 앞으로는 어느 나라의 대사관도 안전하지는 못할 것이다. 또한 하늘이 준 축복인 석유를 갖고 무기화(武器化)하여 세계 사람들을 괴롭히는 행위도 결코 저들이 믿는 알라의 신도 기뻐하지 않을 것이다.

이미 쫓겨난 왕에 대해서 암살 지령을 내리는 따위도 엄격한 범죄 행위인 것이다. 아마 오래지 않아서 이런 행동을 일삼는 이들에게는 어떤 형태로든 하늘의 심판이 내려질 것으로 생각된다.

인류가 진정 구원을 받으려면 우선 인간 자신의 정체가 무엇이며, 살아가는 목적이 무엇임을 정확하게 파악하여 옳은 인생관과 세계관, 우주관을 정립해야 된다고 본다.

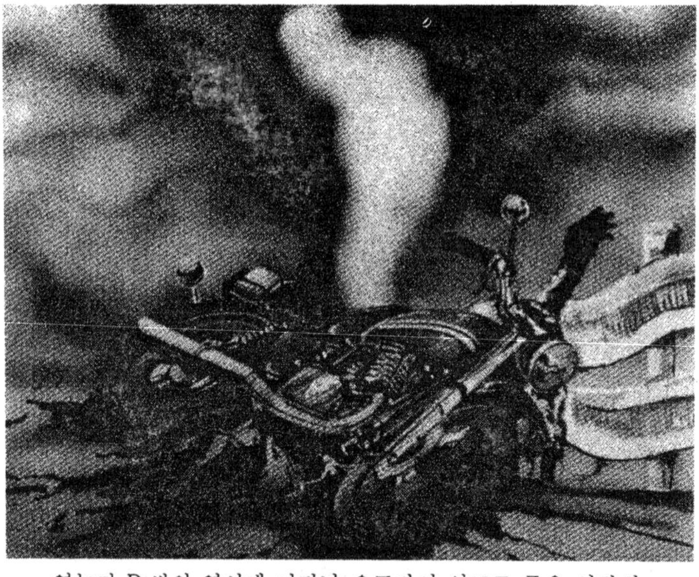

영능자 D 씨의 영시에 나타난 오토바이 사고로 죽은 사람의 지박령(地縛靈)

13. 사람에게는 누구나 보호령, 배후령, 수호령이 있는가?

사람에게는 누구나 세분 이상의 보호령이 있다. 보호령이란 육체를 가진 인간으로 다시 태어날 필요가 없어질 정도로 진화된 영혼으로서 유체와 영체가 발달하여 자기 자신이 직접 우주에 편재되어 있는 생명력을 흡수하여 에너지 대사작용을 함으로써 인체에 빙의할 필요가 없어진 유체인간(또는 영체인간)인 것이며, 본인의 조상들 가운데 한명, 본인의 직업을 지도해 주는 분이 한분 (그는 생전에 같은 직업에 종사했던 분이라고 보면 무방하다), 그리고 또 한분은 이들 두 보호령을 지도하는 분, 이렇게 세분이 보호를 해주는 것이고, 이 보호령들은 본인이 거주하는 고장의 토지신(土地神)의 관할아래 있는 것이다.

배후령(背後靈)은 일본의 심령과학협회의 A부인이 배후에서 지켜준다는 의미로 인간의 주위에서 그 인간을 지켜 주고 있는 영혼들에게 붙인 이름이다. 인간뿐 아니라 단체나 사회를 지켜 주는 영혼들도 마찬가지 이름으로 부른다.

배후령들은 또한 그 자체가 큰 단체를 이루는 경우도 있는데, 이런 때는 배후령단(背後靈團)이라고 부른다.

우리가 사회를 새로 시작했거나 단체를 새로 만들었을 때 흔히 고사를 지내는데, 이것은 본인의 보호령과 배후령단에게 신고하는 것으로 생각하고 행하면 더 큰 도움을 받을 수 있다.

수호령은 수호천사(守護天使) 또는 수호신장(守護神將)이라고도 부른다. 배후령단의 중심이 되는 영(靈)으로서 대체로 300~700년 전에 세상을 떠난 조상의 영혼인 경우가 많다.

수호령은 그 인간의 생애의 긴 기간에 걸쳐 가장 큰 영향을 끼치는 존재로서 그 인간은 자기의 수호령과 비슷한 일생을 보낸다고 말해지고 있다.

지도령(指導靈)은 배후령단에 속하며, 그 사람의 직업, 취미, 특기 등을 지도해 주는 영혼이다. 생전에 같은 직업이었거나 같은 취미를 갖고 있었던 영혼이 많으며, 국적과는 아무 관계가 없다. 이것은 외국인이었던 영혼도 지도령이 될 수 있다는 뜻이다.

14. 인간이 육체적, 심령적으로 진화될 수 있다고 보는가?

물론이다. 델피의 신전(神殿)에는 '그대 자신을 알라!'는 말이 새겨져 있다.

제일 중요한 것은, 우리 인간의 정체가 무엇이며, 왜 우리는 태어났는가? 인간이 거듭 태어나서 살아가는 삶의 목적은 무엇인가를 아는 것부터 시작되어야 한다고 생각한다.

심령과학에 대한 필자의 많은 저서가 큰 도움을 주리라고 생각한다. 필자가 알기에 현재의 인류는 하나의 생명체로서 완전히 발달되지 못한 미완성체인 육체와 영혼을 가진, 이를테면 보다 진화된 현재의 인간 이상의 존재가 볼 때는 아직 철부지 어린이에 불과하다고 생각한다.

인간의 육체는 약 1천억 개의 세포로 이루어져 있고 뇌세포만 해도 150억개 가량 된다고 하는데 우리는 그 많은 뇌세포의 극히 일부에 해당되는 부분 밖에 쓰고 있지 않은 것이다.

오늘의 인간은 육체속에 깃들인 유체나 영체가 아주 퇴화하여 제대로 발휘하지 못하고 있는 것이다.

여러 가지 특수한 훈련과 옴 진동수 장기 복용에 의해 유체와 영체를 발달시키면 150억개의 뇌세포가 전부 기능을 다하게 되고, 그렇게 되면 인간은 지금의 어린이와 같은 상태에서 벗어나서 우주의식과 하나가 될 수 있는 어른으로 성장될 것이다.

우주 의식과 하나가 된 진화된 미래인들은, 자연히 이 우주에는 많은 생명들이 존재하고 있으며, 그 생명들은 우주의 근원적인 대생명을 나무로 해서 뻗어난 작은 가지들이라는 사실을 깨닫게 될 것이고, 공존공영(共存公營), 자타여일(自他如一)의 사상을 자연히 체득하게 될 것이다.

그 단계에 이르면 이미 우리 지구 위에는 세계연방이 성립되고, 더 이상 투쟁이 없는, 전세계가 합리적으로 관리되는 지상낙원이 이루어질 것이다.

또한 인류는 그 요람이었던 지구에서 해방되어 은하계 연방(銀河系連邦)의 일원이 되어 4차원 문명을 이룩하게 될 것이리라.

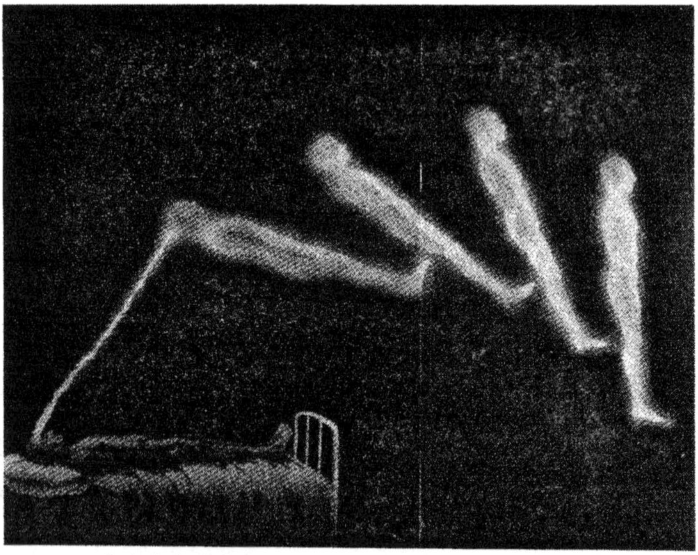

망자의 육체에서 이탈되는 혼과 연결된 유체(幽體)

15. 하나님은 정말로 존재하신다고 생각하는가?

대단히 어려운 질문이다. 필자가 알기에는 하나님은 분명히 존재하신다.

당신은 자기 자신의 마음이 존재하고 있음을 인정하지만 그 마음이 육체의 어느 부분에 있는지를 모른다. 그러나 마음은 분명히 존재한다.

마음이 떠난 육체는 썩어서 흙의 원소(元素)로 되돌아 가지만 마음이 삿는 육체는 생기에 넘쳐 있다.

마찬가지로 하나님은 이 우주에 가득차 계신, 인간의 인식을 넘어선 하나의 거대한 사념(思念)인 것이다. 또한 하나님은 그를 받아들이는 사람의 능력에 따라 다른 형상이 될수 있는 분이라고 생각한다.

남양 토인(土人)들이 생각하는 하나님은 검둥이일 것이고, 노인을 지혜로운 존재로 받들던 고대인(古代人)들에게는 하나님은 수염이 하얀 할아버지로서 인식이 되어 왔다.

그러나 온갖 생명의 근원이신 하나님이 늙는다는 것은 말이 안되는 이야기이다. 또한 하나님이 존재하지 않는다 생각하는 이에게는 하나님은 전혀 인식할 수 없는 존재가 되신다. 하나님의 가장 큰 특징의 하나는 바로 이 점이다.

상대의 인식 능력 한계 안에서 머무르시면서 우주의 모든 섭리를 관장하고 계시다는 점, 이것을 우리는 잊어서는 안된다. 하나님이 절대로 안계시다고 부정하는 것은 마치 자기의 마음이 존재하지 않는다고 하는 것과 같은 이야기이다.

하나님은 모든 곳에 계시고 또 생각하기에 따라서는 아무 곳에도 안계신 것 같지만 이우주가 질서정연하게 운영되어 가고 있는 것을 보면 하나님의 존재를 부정할 길은 없다.

필자는 하나님을 끝없는 사랑과 끝없는 지혜, 무한한 힘, 이 세가지 권능(權能)이 합쳐진 분이라고 믿고 있다. 이를 믿고 이에 동조할 때, 사람들은 하나님 안에 자기 자신이 존재하고 있음을 깨닫게 된다.

필자가 자기 자신을 하나의 작은 파이프라고 하는 것도 하나님의 능력이 나타나는 작은 파이프라는 뜻이다. 여기서 신과 하나님에 대한, 여지껏 심령과학에서 밝혀진 사실을 소개해 볼까 한다.

우리가 알고 있는 이 대우주는 약 1천억개의 태양계가 모여서 하나의 은하계를 이루고 있고, 그러한 은하계가 대략 1천억개가 모여서 대우주를 이루고 있다.

진정한 뜻에서의 창조주이신 하나님은 이 전체 우주를 창조하신 분이고, 은하계 책임자가 1급신(一級神), 태양계 책임자가 2급신(二級神), 각 혹성의 책임자가 3급신(三級神), 각 나라의 책임자가 4급신(四級神), 각 나라의 지역구 책임자가 5급신(五級神), 그 다음 보호령(또는 보호천사, 보호신장)이라는 이름이 붙을 따름이다.

보통 사람들이 서로 통신을 하는 것은 보호령에 지나지 않으며 인간은 아무리 영능력이 뛰어나도 2급신(二級神)까지 밖에 영시(靈視)되지 않는다.

각자의 보호령은 이런 질서를 통하여 3급신과 연결이 되어 있으므로 하나님의 파장과 간접적으로 접할 수 있을 뿐이다. 더구나 인간의 몸에 들어와서 무슨 신이라고 자처하는 것은 모두가 인간의 망령

(亡靈), 또는 동물의 혼이 사칭한 것이고 보호령만 해도 빙의되는 일은 절대로 없다.

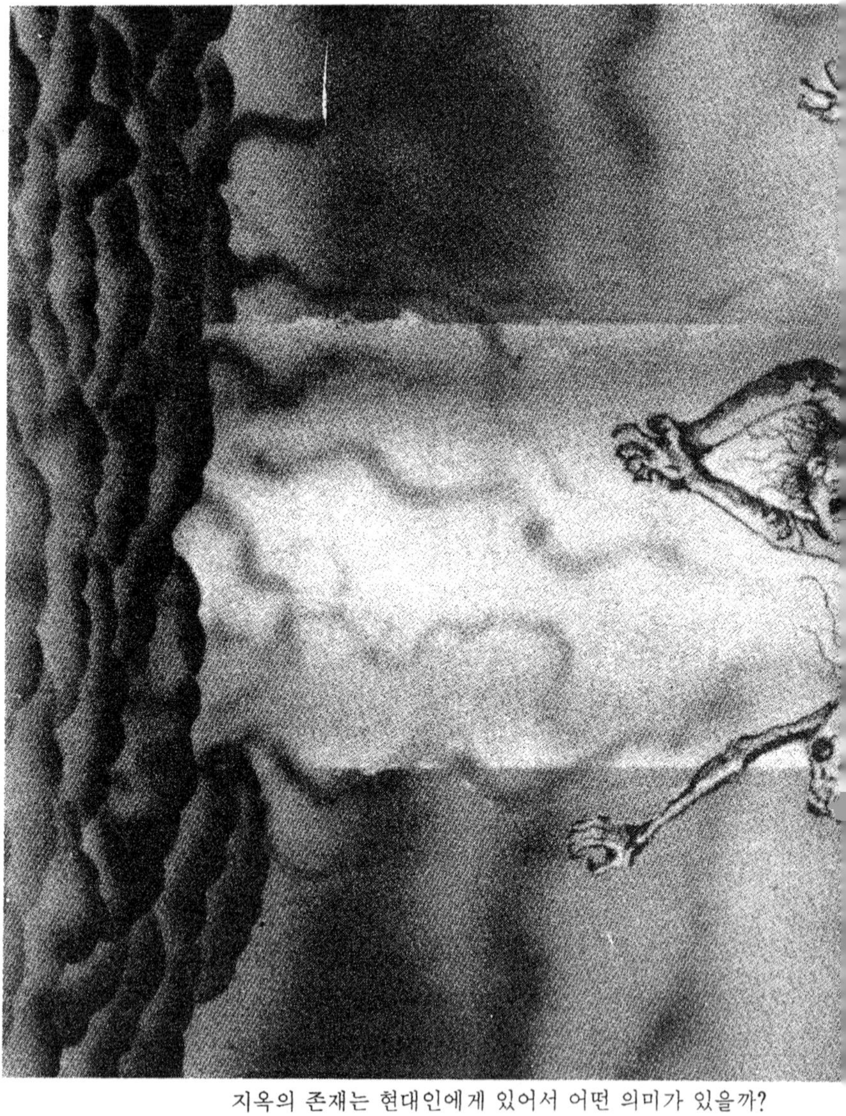

지옥의 존재는 현대인에게 있어서 어떤 의미가 있을까?

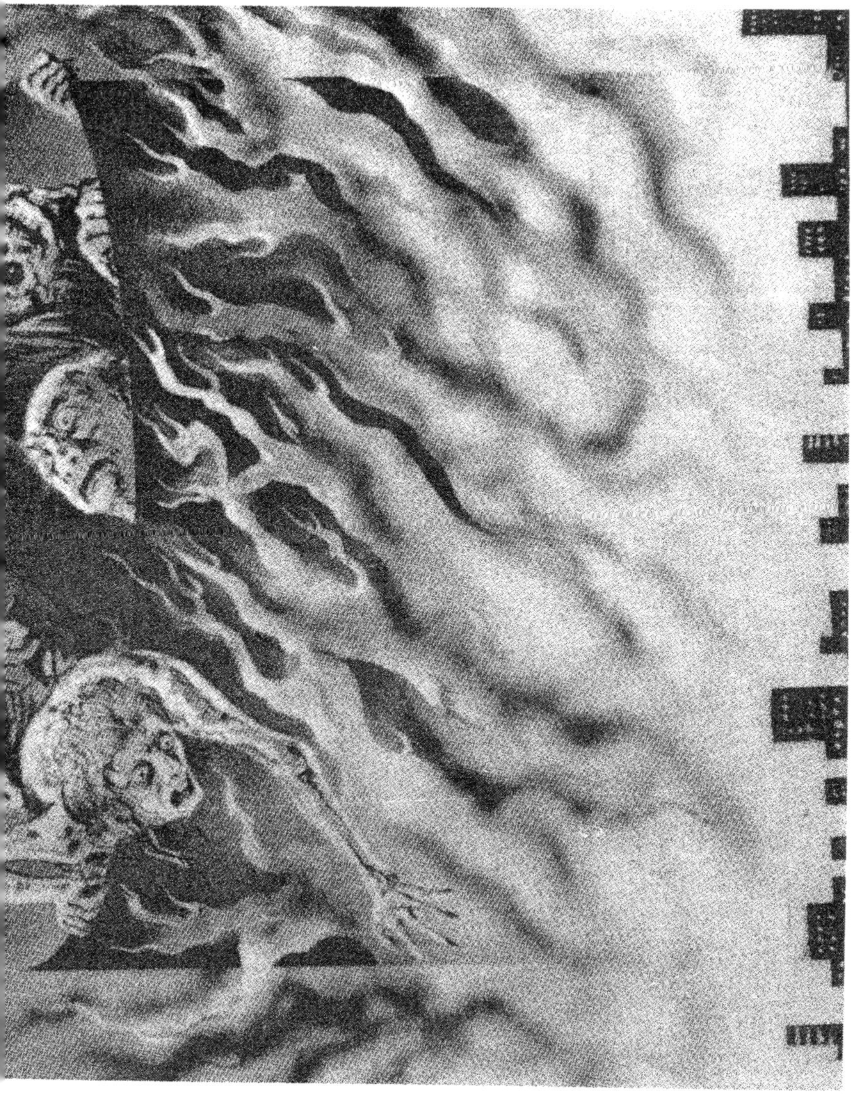

16. 이승과 저승은 어떻게 다른가?

누구나 알다시피 이승이란 우리들이 살고 있는 물질세계(物質世界)를 말한다. 첫째로 이곳에는 시간이라는 것이 있어서 과거에서 현재로, 또 미래로, 시간은 일방적으로 흘러가기 마련이다.

누구나 항상 현재에 존재할 뿐, 과거로 돌아갈 수도 없고, 또 미래로 갈 수도 없는게 이승이다.

1800년도 초에 태어난 사람은 하나도 존재하지 않으며, 지금 이 순간 (1992년 1월 8일 현재) 2000년에 태어날 사람들은 단 한명도 존재하지 않는게 이승이기도 한다.

다시 말하면 시간으로 엄격한 테두리가 정해져 있는게 이승이라는 이야기다. 그러나 사람들은 서로 뜻이 맞지 않아도 부모 자식이 될 수 있으며, 부부가 될 수도 있는 것이 이승이라면 저승은 그렇지가 않다. 서로 뜻이 맞는 사람들끼리 모여 살 수 있는 게 저승이고, 5000년 전에 죽은 사람도 어제 죽은 사람도 또 아직 태어나 본 일이 없는 사람들도 뜻만 같으면 서로 만날 수 있는게 저승이라고 한다.

이것을 보면 저승은 시간이 존재하지 않는 세계임을 알 수가 있고, 서로 모두가 텔레파시 능력이 있는 점이 테레파시 능력이 없고 언어를 의사소통의 방법으로 쓰는 이승과는 전혀 다른 세계라고 할 수 있다. 또한 무엇보다도 다른 것은 이승은 물질과 마음이 한데 섞여 있는 데 비해 저승은 마음만이 존재하는 세계라는 것이 큰 차이점이 아닌가 생각이 된다.

17. 흔히 영혼이라는 말을 쓰는데 영(靈)과 혼(魂)은 어떻게 다른가?

사람들은 흔히들 영혼이라는 말을 쓰고, 영과 혼이 같은 것인줄 아는 경향이 있는데, 엄격히 말해서 이것은 잘못된 생각이라고 할 수가 있다.

살아 있는 사람에게는 삼혼칠백(三魂七魄)만이 존재하며, 영(靈)은 영계에만 존재할 뿐이다.

간단히 비유하면 영은 사진에서의 원판(原版)인 필름과 같고 삼혼칠백과 육체는 이 원판으로 찍어낸 사진과 같은 것이라고 생각하면 된다.

간단한 이야기가 필자는 지금으로 부터 60년 전에 원판인 영에서 복사를 해서 이승으로 보낸 존재인데, 8년 전에 다시 원판으로 복사를 해서 보낸 존재가 여덟살 먹은 어린이가 되어서 필자 앞에 나타난 일이 있다.

이 어린이는 필자의 여덟살 때 모습과 같았으며 혈액형이 같았고, 편식하는 습관도 같았고, 몸이 약한 점과, 영능력이 있는 점 까지도 같았던 것이었다.

필자는 자기 자신의 분신(分身)이라고 볼 수 있는 각계 각층의 여러 사람들을 만난 일이 있다.

이들은 같은 영파(靈波)를 가졌기에 죽어서 저승에 가면 영에게 흡수되어서 이승에서의 경험이 수렴이 되어 영이 진화하는데 도움이 되는 것이라고 생각이 된다.

그러니까 영사기에 장진된 필름이 영이라면 벽에 비추어진 영상(映像)이 이승에서의 자기 자신이고, 하나의 허상에 지나지 않음을 알수 있다.

내 육신은 본시 이승에는 없었던 것이고 때가 오면 다시 없어지는 존재에 지나지 않는다는 이야기이다.

실존하는 것은 저승에 있는 영인 것이며, 상대적으로 볼때, 저승이 본질세계(本質世界)이고, 이승은 하나의 꿈의 세계에 지나지 않는다고 생각하면 될줄 안다.

이승에서 보면 이승이 본질세계이고, 저승이란 꿈의 세계라고 생각할 수도 있겠으나, 사실은 그렇지가 않다는 이야기이다.

저승이 우리 모두의 고향이기에 사람들은 죽는 것을 돌아갔다, 즉, 고향으로 돌아갔다고 하는 게 아니겠는가?

인간으로 태어남은 미숙한 영이 물질세계에서 많은 경험을 얻어서 우주법칙을 깨닫고, 신(神)으로 진화되기 위한 하나의 과정이 아닌가 생각하면 좋으리라고 생각한다.

18. 우주에도 우주를 지배하는 법이 있는가?

이 우주를 다스리는 기본법은 세 가지가 있다고 생각이 된다.

첫째는 인과응보(因果應報)의 법칙이다. 이승에서 일어나는 일들은 크고 작고 간에 우연히 발생하는 일은 하나도 없고 모두가 하나의 원인이 있어서 그 결과로서 나타난다는 사실이다.

우리들 육체인간은 100년도 안되는 짧은 인생을 살기 때문에 몇 백년 또는 몇 천년의 규모로 시행되는 인과응보의 법칙이 있음을 실감하지 못할 뿐이라고 생각한다.

가령 필자의 경우를 보더라도 수많은 전생(前生)에서 살생(殺生)을 너무 많이 했기 때문에 이번 생애에서는 의사도 아니면서 수없이 많은 사람을 살려야 하는 일을 하게 된 것이 아닌가 생각이 된다.

또한 필자가 매일같이 만나는 사람들도 알고 보면 어느 전생에선지 필자와 관계가 있었던 사람들이지, 우연히 나타난 사람은 거의 없다는 것을 매일같이 경험하고 있다.

다음 두번째 우주법칙은 공존공영(共存共榮)의 법칙이다.

이것은 간단하게 말하면 생태계(生態系)를 유지한다는 이야기이다.

모든 동물들이 배설하는 탄산가스를 먹고 식물은 자라고, 그들이 만들어 내는 산소가 없다면 동물들은 살 수가 없다. 그린벨트가 필요한 이유가 바로 그 때문인 것이다.

인간은 늘고 식물세계는 점점 줄어드니 참으로 큰 일이 아닐 수 없다. 또한 식물은 곤충에게 의지하고 있는 것이다.

곤충이 없다면 식물은 열매를 맺기가 어렵기 때문이다. 그 때문에 모든 식물들은 꽃을 피워서 화분을 만들어 곤충들을 유혹하고 있는 것이라고 할 수 있다.

인간들이 이 공존공영의 법칙을 안지키면 생태계는 파괴되어 인간 자신도 멸종하게 되어 있는게 사실이고 보면, 이 두번째 우주법칙을 지켜야 함은 당연한 일인 것이다.

다음 세번째가 불간섭의 원칙이다.

이것은 내정불간섭의 원칙이기도 하다. 한국인이 아무리 훌륭한 사람이라도 미국의 국회의원은 될 수가 없고, 미국 대통령도 공개적으로 한국 내정에 간섭할 수가 없는 것이다.

신(神)도 인간세상에 직접적으로 간섭할 수 없음은 물론이다. 이 우주에 세가지 큰 법칙이 있음을 깨닫게 될 때 인간은 비로소 인간 이상의 존재로 진화될 수 있는 것이다.

이 세가지 법칙이 존재하며, 그 법칙을 지켜야 함을 완전히 깨닫기 위해서 인간은 1만 2천년에 걸친 윤회전생을 되풀이 하는게 아닌가 생각이 된다.

불교에서는 인과응보의 법칙이 있음을 이미 설명한바 있으며, 나머지 두 가지 법칙이 있음을 분명히 밝혀낸 것은 필자가 최초의 인물이 아닌가 생각된다.

이탈하기 시작한 유체는 서서히 육체를 떠나고, 얼마후 영혼과 의 관계를 끊으면서 유계(幽界)로 들어간다.

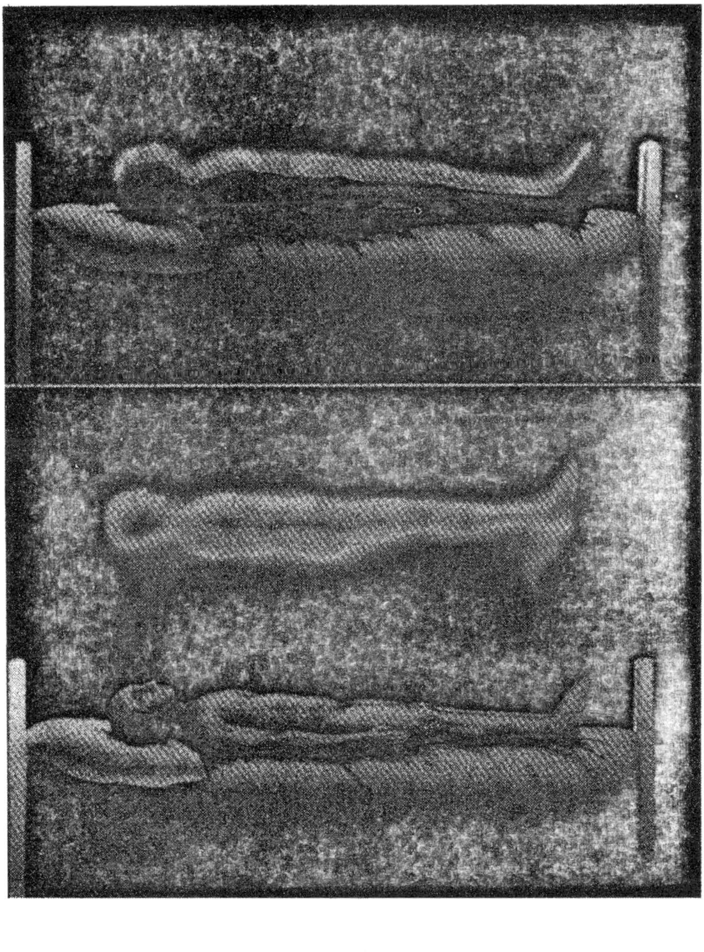

19. 사람의 전생(前生)을 알아낼 수 있는 원리는 무엇인가?

사람의 전생의 기록은 뇌의 구피질(舊皮質)인 시상하부(視床下部)에 기록이 되어 있다는 학설이 있다. 이곳은 바로 모든 사람들의 혼이 깃들여 있는 곳인데 사람마다 영파(靈波)의 파장이 다르기 때문에 사람들은 송신을 할뿐 남의 영파를 수신할 수가 없기 때문에 이 물질우주에서는 개인의 비밀을 유지할 수가 있는 것이라고 생각이 된다.

인간은 언어로서 의사소통을 할 수가 있을뿐, 원칙적으로 텔레파시 능력은 없는 것이다.

그런데 필자와 같은 경우는 오랜 세월에 걸쳐서 태양 에너지를 장심(掌心)으로 받아 들여서 송과체(松果體)에 뇌사(腦砂)를 응집시켜서 사리(私利)를 만들어 이른바 제3의 눈을 개발함으로써 어떤 사람의 영파하고도 동조할 수 있는 생물학적인 일종의 검파기(檢波器) 구실을 할 수 있게 됨으로써 전생을 알 수 있게 된 것이라고 생각이 된다.

상대방의 전생을 알려면 우선 필자 자신의 고유한 영파 파장을 지워야 하고 상대방의 보호령의 승낙을 얻은 뒤에 상대방의 영파에 동조를 하면, 마치 TV화면을 보듯이 상대방이 간직하고 있는 전생 기록을 읽을 수가 있다.

이에 필요한 시간은 상대방을 만난 뒤 10초면 되지만, 필자가 육체적인 상태가 좋지 않거나 마음이 편안치 못할 때는 변신능력(變身能

力)이 없어지기 때문에 상대방의 전생을 알 수가 없고, 또한 상대방의 보호령이 방해해도 알 수가 없는 것이다.

제 2 장

심령현상의 여러가지 형태

20. 심령현상(心靈現象)이란 무엇을 말함인가?

한마디로 심령현상이라고 해도 여기에는 수많은 단계와 종류가 있다. 그것은 마치 자연의 경우를 보더라도 자연현상(自然現象), 자연과학(自然科學)이 그 범위가 굉장히 넓은 것과 같다고 생각하면 될줄 안다.

옛날에는 이상한 일이나 불가사의(不可思議)한 현상을 보면 신령(神靈)님이 하신 일이라고 단순하게 생각했었다.

우리나라 말에서 하나님이란 오직 한분 밖에 안계신 거룩한 분이라는 뜻이어서 창조주를 뜻한 것이었고, 그밖에는 신령님이라는 말을 많이 써왔다.

고대 한국인들은 하나님이라는 말을 보면 알수 있듯이 엄연히 천지 창조주를 인정하면서도 또한 자연만물(自然萬物)에 눈에 보이지 않는 신령이 깃들어 있는 것으로 생각해 왔었다.

성황당을 모시고, 그 성황당 나무에 지성을 들이곤 하던 것이 무엇보다도 좋은 예가 아닌가 싶다. 하여튼 인간의 힘으로는 어쩔수 없는 무서운 힘을 가진 눈에 보이지 않는 존재들을 통털어서 신령님이라고 불러 왔다.

산에 가면 산신령(山神靈)이 있고, 바다에는 용신(龍神)이 있고, 각 집안에는 이른바 터줏대감이라고 불리우는 수호신(守護神)이 있으며, 이미 타계한 조상들은 모두 조상령이 되어서, 좋게 또는 나쁘게 살아있는 사람들에게 영향을 끼치고 때로는 그 운명을 지배하는 것으로 알고 있었다. 그래서 우리나라 속담에도 '잘되면 제탓, 못되면 조상탓'이라는 말이 있는 것이다.

요즘에도 조상의 묘를 잘못 써서 집안에 액운이 그치지 않는다는 생각이 일반에 꽤 널리 퍼져 있다. 그러던 것이 근대문화의 발달과 더불어, 자연과학적인 상식이 지배하게 되어, 신령이니 부처니 하는 것은 모두 미신의 소산으로 돌리게 되었지만, 한편으로는 그런 상식으로 도저히 설명할 수 없는 이상한 현상이 속출하게 되어 심령문제를 진지하게 연구하게 된 것이다.

다음은 초자연적인 심령현상에 대해서 알아보기로 한다.

21. 정신적인 심령현상과 물리적인 심령현상의 차이는 무엇인가?

심령현상이란 결국 누군가가 본다든가, 듣는다든가 몸으로 느낀다든가 하여 체험을 하게 되는 것인데, 그 체험하는 방법에 따라서 구별하는게 일반적인 분류 방법이다.

심령현상이라는 이름이 붙는 이상, 어떤 형태로든지 정신적이 아닌 것은 없지만 그 체험하는 방법이 개인적 주관이 나타나서 제3자로서는 체험하지 못할 경우 특히 이런 현상을 정신적인 심령현상 또는 주관적인 심령현상이라고 부른다.

한편 이와는 반대로 체험자 자신이 주관적으로는 의식하고 안하고는 아무런 관계없이, 제3자들에 의해 뚜렷한 심령현상이 관측될 경우, 이것은 객관적 또는 물리적인 심령현상이라고 부르게 된다.

이를테면 필자의 친구되는 사람의 동생이 월남전(越南戰)에 참전을 했었는데 야밤에 척후병으로 나갔다가 도중에서 길을 잃었는데 문득 정신을 차려보니까 숲속 어둠속에서 죽은 어머니의 얼굴이 보였다고 한다.

자기도 모르게 그 얼굴 쪽으로 향해 갔더니 그 얼굴의 방향이 뜻하지 않은 곳으로 이동을 하여 그 지시하는 방향대로 갔더니 자기 부대 앞으로 나가서 위험한 고비를 넘겼다고 한다.

그 얼굴은 다른 사람에게는 보이지 않았을게 분명하다. 이런 것이 정신적인 심령현상의 한 예라고 볼 수 있는 것이다.

필자의 외사촌 누이동생이 교통사고로 아들을 잃은 일이 있는데,

그 뒤 얼마 지나서 이런 꿈을 꾸었다고 한다. 아이들이 수용되어 있는 곳을 찾아갔더니 교통사고로 죽은 아들이 그곳에 있었다고 한다.

와락 끌어 안았더니 그 아이가 하는 말이 '나는 다시 엄마에게로 돌아갈 거야!' 하더라는 것이다. 이것이 태몽이 되어 다시 아들을 낳았는데 죽은 아이와 모습이 똑같았다고 한다. 이런 경우도 일종의 정신적인 심령현상의 하나라고 볼 수 있다.

한편 무덤 위에 이상한 불덩어리가 둥둥 떠도는 장면을 여러 사람이 보았다든가, 하이즈뷰의 도깨비집에서 람프 소리가 들린 것 따위는 분명히 물리적인 심령현상이라고 할 수 있다.

22. 영시현상(靈視現象)이란 무엇을 말함인가?

똑같은 정신적인 심령현상이라고 해도 우발적인 것, 이를테면 일생에 꼭 한번 유령을 보았다든가, 또는 때때로 이상한 경험을 했다던가 하는 경우도 있는가 하면, 또한 어떤 특수한 사람에게는 비슷한 현상이 자주 일어나서 그 내용이 그 사람 자신이나 주위 사람들의 과거나 현재 또는 미래와 관계가 있는, 그런가 하면 그 사람들의 질병이나 불행과 행복을 알아내기도 하여 상담 상대가 되는 수도 있다.

그렇게 되면 주위 사람들도 그대로 내버려 두지 않게 되어 그 사람을 찾아 와 여러 가지 일을 묻게도 되고, 또 지도를 요청하게도 된다.

이런 경험이 많이 쌓이다 보면 어느덧 전문적인 심령능력자가 되기 마련이다. 우선 먼곳을 찾아 볼것도 없이 필자의 경우가 그 좋은 예라고 할수 있다.

처음에는 단순한 호기심에서 연구를 시작한 것이, 신변에 여러 가지 자료가 모이게 되고, 또 필자가 문필가였기에 신문지상에 체험담을 발표를 하다보니까 어느덧 심령능력자가 되어 버렸고, 심령과학 계통 서적들을 20여권 집필하고 보니 우리나라에서는 권위자가 되고 말았다.

필자가 하는 영시현상(靈視現象)은 그 원리를 설명하면 대략 다음과 같다. 필자가 알기에 사람의 두뇌 가운데 구피질(舊皮質)에 해당되는 간뇌(間腦)의 송과체(松果體)는 그 사람의 혼이 깃들어 있는 곳이고, 또한 전생에서부터의 모든 기록이 되어 있는 곳이라고 본다.

사람마다 송과체에서 발신하는 영파 파장(靈波波長)은 다르게 마련인데, 필자는 자신의 고유한 주파를 상대편의 영파 파장과 동조하는 4차원적인 기술을 개발했고, 이 파장이 동조되면 그 사람에게 과거에 있었던 일들이 마치 TV화면처럼 보이게 되는 것이다.

한편 사진에도 모든 영적인 기록이 되어 있으며, 더구나 사진에서 나오는 파장과 동조하는 것은 훨씬 쉽다. 왜냐하면 모든 사람에게는 보호령들이 있게 마련이어서 자기가 보호하고 있는 사람의 프라이버시 침범을 좋아하지 않기 때문에 일종의 영파 동조 방해를 하게 되면 영시(靈視)하는 것이 매우 힘들거나 또는 불가능해지는데 비하여, 사진에는 보호령이 붙어 있지 않기 때문에 영파 동조가 훨씬 쉽기 때문이다.

필자는 자신이 영시하는 것을 한마디로 영사(靈査)라고 이름을 붙였거니와 이것은 어디까지나 주관적인 심령현상일뿐, 남의 눈에도 보이게 객관화 시킬 수는 없는 정신적인 심령현상인 것이다.

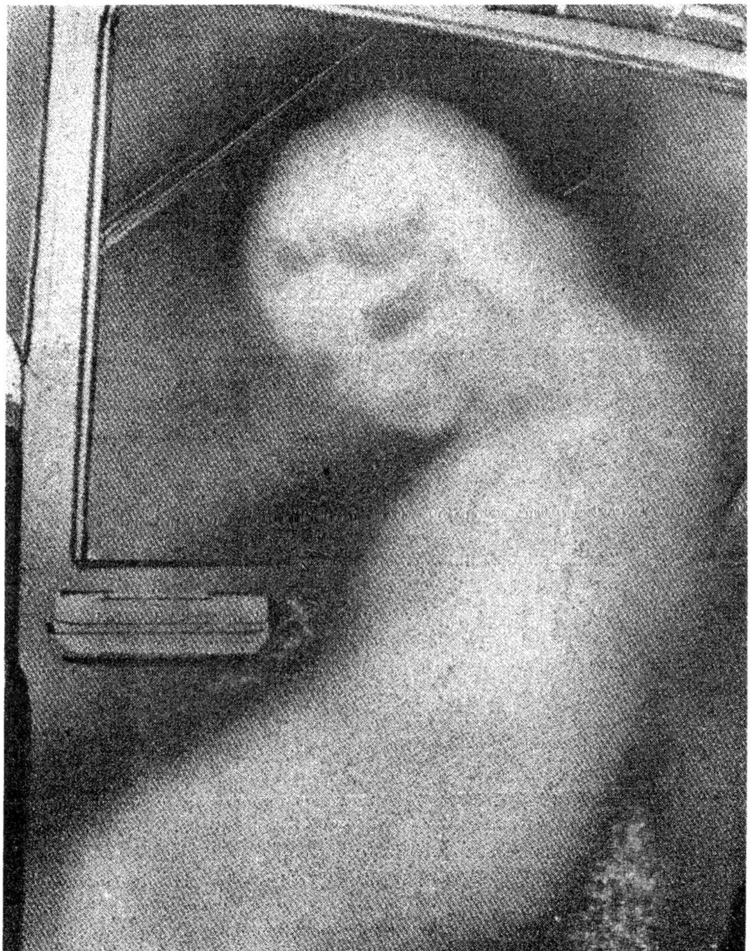

택시를 타고 있는 유령의 모습

23. 영청현상(靈聽現象)이란 무엇을 말함인가?

영청현상이란 현실적으로 다른 사람들에게도 들을 수 있게 들리는 소리가 아니고, 본인에게만 들리는 소리인데 정신병을 다루는 의사들은 흔히 이런 현상을 환청(幻聽)이라고 한다.

다른 사람들에게는 분명히 아무런 소리도 들리지 않는데, 누군가가 자기를 비난하고 있다고 하여 정신병원에 그 자녀를 데리고 가는 경우가 많다.

필자도 이런 환자들을 많이 다루어 본 경험이 있는데, 이런 경우는 죽은 사람의 혼, 또는 생령(生靈)이 빙의되어서 머리 속의 어떤 부분을 차지하여 직접 통신을 하는 것이다.

필자의 경우도 이런 경험이 많다.

1973년 2월 8일 밤이었다고 기억된다. 저녁 식사를 하고 서재에서 쉬고 있는데 갑자기 머리가 아파오더니 일어나서 시키는대로 기록을 하라는 소리 아닌 소리가 들렸다.

원고지를 펴놓고 만년필을 들었더니 손이 저절로 움직여서 하나의 글을 쓴 일이었다. 이 글을 T 출판사에서 간행된 심령과학 씨리이즈 가운데 제5권째인 《기적과 예고》 가운데 앞부분인 〈하늘이 내리신 말씀〉이라는 이름아래 발표한 일이 있다.

이것은 영청현상과 자동서기 현상(自動書記現象)이 겸해서 나타난 예이다.

역사상에 나타난 영청현상으로서는 오르레안의 한 농촌처녀였던

잔 · 다아크가 천사의 소리를 듣고 여기사(女騎士)가 된 일은 너무나 유명하다. 그러나 영청현상이라고 해서 무조건 믿고 이를 따르는 것은 매우 위험한 일이다.

특히 빙의령이 속삭이는 소리를 마치 성령(聖靈)의 소리로 착각을 해서 그대로 순종하다가는 오래지 않아서 자기의 몸과 마음을 완전히 점령당하게 되어 폐인이 되는 게 고작이다.

이런 현상이 일어났을 때는 전문의인 정신과 의사나 필자와 같은 심령능력자에게 상담을 하는게 좋다.

잠재의식이나 초자아(超自我)가 들려 주는 소리는 어디까지나 환청이고, 빙의현상에서 들리는 소리는 영청(靈聽)이며, 전자는 현대의 정신과 치료로서도 능히 완쾌될 수 있는 현상이다.

24. 감응현상(感應現象)이란 무엇을 말함인가?

심령현상의 대부분은 적거나 크거나 간에 영(靈)에 감응해서 일어나는 것이지만 특히 좁은 뜻에서의 감응이란 살아있는 사람이나 죽은 사람에게 감응해서, 그의 건강 상태나 사상 · 감정을 직접 느끼는 것을 뜻한다고 생각하면 된다.

얼마 전 일이다. 하루는 저녁 때인데 어떤 낯모르는 분이 중년 남자의 사진을 한장 갖고 와서 영사(靈査)를 해달라고 한 일이 있었다.

필자는 그 사진을 받아 든 순간, 필자 고유의 영파 파장(靈波波長)을 사진에서 발사하는 파장으로 변경, 동조했다.

"이 사진의 주인공되시는 분은 현재 아주 중태인 간장병을 앓고 있군요? 현재 복수가 많이 차 있고 간암 같은 데요. 수술도 어려운 경우여서 병원에서 퇴원을 권하고 있지 않습니까?"

"네, 그렇습니다."

필자는 다시 한번 그 사진을 보았다. 그 순간, 그 사진의 얼굴이 커다란 개의 얼굴로 보였다.

"과거에 개를 많이 먹은 적이 있지요?"

"그렇습니다. 수십마리는 먹었을 겁니다."

"뱀도 먹지 않았던가요?"

"네 맞아요."

"이것은 동물령들이 많이 빙의되어서 생긴 병입니다."

하고 필자는 동물령들을 쫓아 주는 성원주(成願呪)라는 주문을 적어서 환자의 베개 밑에 넣어 주라고 했다. 그날부터 환자는 소변을 잘 보게 되어서 복수가 빠졌고, 결국 두달 뒤에는 기적적으로 간암이 치유가 되었다.

이런 경우 환자의 상태 및 그에게 빙의되어 있던 동물령들이 필자에게 그대로 감응된 것이라고 보면 된다. 하루는 위암 환자가 필자를 찾아온 일이 있다.

"환자가 죽기를 바라는 사람이 가족들 가운데 있군요. 두 집 살림을 하고 있죠. 재산을 미리 분배해서 원망을 풀어주지 않으면 힘듭니다."

이것도 그 환자의 실정에 감응한 좋은 예이다.

25. 빙의현상(憑依現象)이란 무엇을 말함인가?

육체를 상실한 인간의 혼이나 동물의 혼이 살아있는 사람의 몸 안에 들어와서 그의 두뇌를 점령하여 여러 가지 이상한 행동을 시키는 것을 빙의현상이라고 한다. 그러니까 죽은 사람의 혼이나 죽은 동물의 혼이 일시적으로 살아있는 사람의 몸에 들어와서 본인의 뜻이 아닌 빙의령의 뜻대로 그 사람의 일체의 행동을 지배할 때, 우리는 흔히 정신이 돌았다고 한다. 따라서 빙의된 사람은 평소의 자기 자신과는 전혀 틀리는 행동을 하게 마련이다.

그 예를 하나 들어볼까 한다.

유복한 가정의 부인이 돈 문제로는 하나도 아쉬운 일이 없는 처지인 데도 질이 좋지 않은 부인들을 모아서 큰 계를 하곤 했다.

그런 계는 도중에서 의례이 깨지게 마련이다. 그렇게 되면 그 부인은 면목이 없다면서 자살소동을 일으키곤 했다. 똑같은 일이 세번씩이나 되풀이 되었고, 세번째 사건이 일어났을 때 그 남편이 필자를 찾아 왔다. 필자는 부인의 사진을 가져 오라고 했다. 사진을 영사한 결과는 다음과 같았다.

"장인 어른이 유명한 사냥꾼이었고, 또 낚시도 굉장히 즐기셨고, 부인이 제일 사랑하던 딸이 아니었던가요?"

"맞습니다."

"장인 어른의 손에 의하여 비명에 간 동물의 혼들이 부인의 몸에 빙의해서 자살할 수 있는 여건을 자꾸만 만들어 줍니다. 이를테면 멀쩡한 사람이 아무런 까닭없이 자살을 할 수는 없으니까, 부인의 마음을 조절해서 꼭 중간에 깨질 계의 계주가 되도록 한 것입니다. 계가 깨지면 자살 충동을 일으키게 한 것이죠."

환자의 남편은 납득이 간 모양이었고, 이 환자는 진동수 복용에 의하여 위기를 면했을 뿐만 아니라, 빙의된 동물령들을 제령시킴으로서 다시는 자살소동을 일으키지 않게 되었다.

갑자기 우쭐해져서 평소에 하지 않던 엉뚱한 소리를 연발한다든가, 눈동자의 촛점이 흐려지고 이상한 언동을 하는 사람은 죽은 사람의 혼이나 동물의 혼이 빙의되지 않았는가 의심해 볼 필요가 있다고 생각한다.

26. 영언현상(靈言現象)이란 무엇을 말함인가?

이 영언현상(靈言現象)은 가장 흔하게 볼 수 있는 심령현상이다. 흔히 교회의 열성 신도들이 성령(聖靈)이 내렸다고 하여 방언(方言)을 하는 경우가 있는데 이중에는 진짜 방언도 있지만 그중에는 저급한 망령(亡靈)이나 동물령들이 들어와서 되지도 않는 말을 지꺼리게 하는 경우가 많다.

자기가 방언을 말해 놓고 해석을 하는데, 같은 이야기를 다시 시켰더니 하지 못한 예를 필자도 직접 녹음 채취한 경험이 있다.

여기서 알아 두어야 할 것은 성령이 자기 몸에 들어왔다고 하는데, 이것은 절대 거짓이다. 적어도 보호령이나 보호 천사는 인간의 몸에 빙의하는 일은 절대로 없기 때문이다.

죽은 사람의 혼이나 동물령이 성령(聖靈)을 사칭한 것이라고 보아 무방하다. 저급령들이 빙의하여 지꺼리는 말들은 감정의 기복이 심하고, 논리성이 결여되어 있고, 자기 자신을 과대평가하는 공통된 특징이 있다.

필자도 자주 경험하는 일이지만 어떤 사람을 본 순간, 머리에서는 아무런 생각도 하지 않았는데 입에서 자신에게 엉뚱한 이야기를 하는 경우가 있다.

얼굴을 보기가 무섭게,

"최근에 가족들 가운데 한 사람을 교통사고로 잃었군요."

하고 말하는 따위다. 상대방은 물론 깜짝 놀라며 시인을 하게 마련인데, 이런 경우는 필자의 보호령이 직접 작용해서 영언현상이 나온 것이라고 생각된다.

진짜 무당들이 하는 이야기 가운데에는 흔히 진상을 말하는 경우가 있는데 이런 것도 영언현상이라고 할 수 있지 않나 생각된다.

처음에는 영능력자였던 사람이 도중에 영능력이 없어진 경우, 남에게 알리지 않기 위하여 자기가 꾸며서 엉뚱한 이야기를 하는 무당이 많은데, 이런 말들은 영언이 아닌 것이다.

본인은 아무런 말도 하지 않으려고 했는데, '제령'할 경우, 본인도 모르는 이야기를 하는 경우를 가끔 겪는데 이런 것은 빙의령이 이탈하기 전에 들려 주는 영언현상인 것이다.

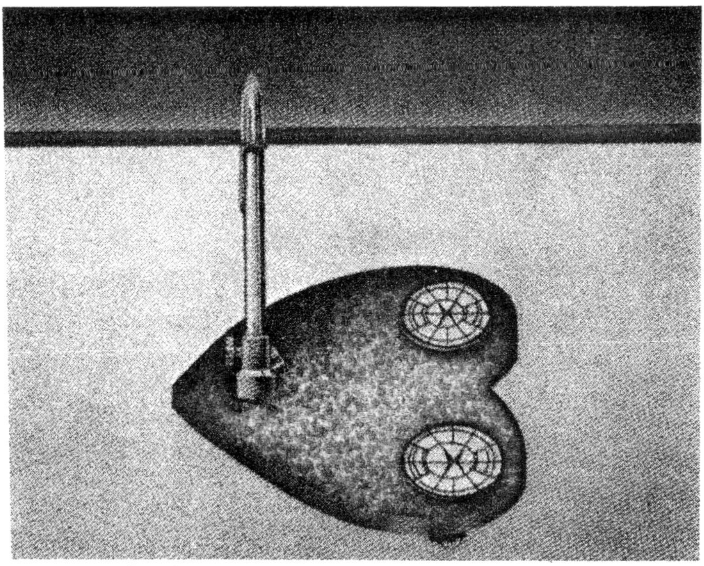

자동서기에 사용되고 있는 플랑셰츠(Planchétte)

27. 자동서기(自動書記)란 무엇을 말함인가?

빙의령이 영매(靈媒)의 입을 통해 자기의 뜻을 나타내는 것이 영언현상인 것처럼, 빙의령이 영매의 손을 통하여 글씨에 의해 그 뜻을 나타내는 것을 자동서기(自動書記)라고 한다.

이미 오래 전에 세상을 떠난 소설가의 영혼이 자동서기 능력을 가진 영매의 몸에 빙의되어서 새로운 작품을 쓴 예가 있다.

아무런 교육도 받지 못했던 회계사인 찰즈 · 린톤은 자기 손을 통하여 10만 단어로 된 원고를 받아 써서《국가의 치유(治癒)》라는 책을 썼다고 한다.

열네살 먹은 프랑스인 소녀는 자동서기로《잔 · 다아크의 생애(生涯)》와《루이 11세의 고백》이라는 책을 썼다.

영국의 유명한 소설가였던 찰즈 · 디킨즈가 미완성으로 세상을 떠난 그의 마지막 소설인《에드윈 도루도의 수수께끼》의 나머지 부분은, 미국 버몬드주 보랫포린에 사는 교육을 받지 못한 공원인 T · P · 제임스가 자동서기에 의하여 1872년 (디킨즈가 죽은 지 2년 뒤) 크리스마스날부터 시작해서, 다음 해 7월 8일, 즉 그의 죽은 날까지 완성이 되었던 것이다.

이 자동서기로 써진 부분은 디킨즈가 생존시 쓴 부분보다도 길고 생각하는 방식, 글씨 쓰는 버릇까지 놀랄만큼 같았다.

디킨즈가 생전에 쓴 원고와 나중에 써진 부분은 디킨즈의 영(靈)의 지시에 의하여 1874년 제임스에 의해 전기(前記)의 제목으로

출판이 되었는데, 이 사실을 모르는 후세의 일반 독자나 영문학 연구가들은 전편(全編)이 디킨즈의 작품인줄 알고 있는 것이다.

자동서기를 시키는 죽은 사람의 혼이 외국인일 경우에는 어떻게 될 것인가 하는 생각을 해 본다.

뛰어난 프랑스의 생리학자(生理學者)인 샤르르 쉬에 박사는 어떤 영능력자가 희랍어에 대해서 전혀 지식이 없었는 데도 몇 페이지의 완벽한 희랍어의 글을 쓴 예를 보고하고 있다.

또한 열한살 먹은 소녀가 그녀는 전혀 모르는 두개의 언어, 즉 중국어와 카필어로 글을 쓴 예도 보고하고 있다.

영혼의 이야기를 자동서기가 기록한다.

28. 심령치료란 무엇인가?

심령치료란 영능력 또는 초능력을 가진 능력자에 의해서, 약물의 투여나 외과적인 기구에 의한 수술같은 것을 받음이 없이 여러 가지 질병을 치유시키는 것을 말한다.

또한 심령치료는 다음 몇 가지 부분으로 나눌 수 있다.

능력자가 환자의 몸을 손으로 접촉을 해서 고치는 이른바 수장요법(手掌療法)이 있고, 텔레파시 능력을 이용해서 행하는 원격 심령요법이 있다.

필자의 경우에는, 옴진동을 녹음한 카셋트 테이프로 생수(生水)를 진동시켜서 그 진동수를 일정한 분량을 100일 이상 마시게 해서 환자의 체질을 바꾸어 주는 방법과 앞서 든 수장요법, 그리고 빙의된 망령(亡靈)들을 제령시키는 방법을 병용하고 있다.

필리핀의 토니나 작고한 브라질의 아리고 같은 사람들은 메스를 쓰지 않고 수술을 했는데, 이것은 심령치료이면서도 현대의학과 매우 비슷한 방법인 것이다.

옴 진동수의 장기 복용만으로 악성 암환자의 암 조직이 그대로 소멸된 경우도 많다.

빙의령에 의해 생긴 난치병들은 우선 진동수 복용에 의해 체액(體液)을 정화시킨 뒤, 빙의령을 제령하지 않고서는 완전히 질병에서 해방될 수는 없다고 생각한다.

따라서 완치한 심령치료 능력자가 되려면 영사 능력(靈査能力)

이 있어야 하며, 그런 능력도 없이 함부로 수장요법을 행함은 매우 위험한 일이다.

빙의령이 시술자의 몸으로 옮겨 붙으면 그의 생명이 위험해지기 때문이다.

또한 빙의령 가운데에는 죽은 사람의 혼이 빙의되는 수도 있지만, 염력(念力)이 강한 사람이 저주를 해서 발생한 생령(生靈)이 빙의된 경우도 있으며, 이를 구별해서 처리하지 않으면 안된다. 뛰어난 심령능력자라면 영사를 정확히 해서 빙의령을 제령도 하고 또 생령의 경우에는 이를 소멸시킬 수가 있는 것이다.

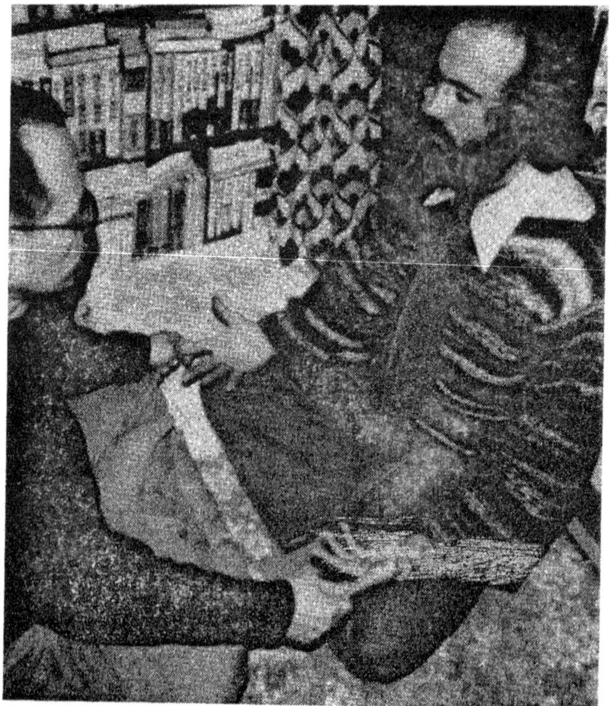

저자로 부터 직접 심령치료를 받고 있는 미국인 제자 '안타레스' 요기

29. 물리적인 심령현상은 정말 일어나는가?

물리적인 심령현상은 그 당사자가 믿거나 안믿거나 관계없이 객관적으로 누구나 관찰할 수 있는 상태로 일어난 심령현상을 말한다는 것은 이미 말한바 있거니와 옛날부터 전해 내려오는 이른바 도깨비 집에서 한밤중에 일어나는 시끄러운 소리, 비명소리 같은 것이 그 좋은 예라고 할 수 있다.

또한 눈에 보이는 모습으로 나타난 유령같은 것도 물리적인 심령현상이라고 보아야 할 것이다.

이러한 기묘한 현상의 기원을 찾자면 유사이전으로 거슬러 올라가야겠지만 물리적인 심령현상으로서는 뭐니 뭐니 해도 근대 심령과학의 시작을 가져 오게 한 '하이즈뷰 사건'을 잊을 수 없다고 생각한다.

독일계 미국인이고, 대장장이인 죤 · 폭크스가 뉴욕주의 대도시인 로체스터시(나이아가라 폭포 동쪽 100키로지점)에서 서쪽으로 20킬로 미터 가량 떨어진 곳에 있는 조그만 마을인 하이즈뷰로 이사온 것은 1848년 12월 11일이었다고 한다.

폭크스 부부는 여섯명의 자녀를 갖고 있었는데, 이미 위 큰 애들 네명은 독립해 나가고 그 당시 집에 있었던 것은 열네살 되는 딸 마가레트와 열한살 먹은 막내딸인 케이트 둘 뿐이었다고 한다.

그런데 이들이 이사온 뒤로 밤낮을 가리지 않고 집안의 여기 저기에서 손가락 마디를 튀기는 듯한 랍프(叩音)소리가 들려 왔고, 밤이

기묘한 소리가 들려온 〈폭스〉집을 원형대로 찍은 1930년대의 그림엽서. 이 집은 뒤에 불탔고 현재는 복원되었음.

면 누군가의 보이지 않는 찬손이 얼굴을 어루만지는 것같은 이상한 현상이 일어났다.

딸들이 이상한 소리의 주인공과 교신을 하는 방법을 생각해 내서 그 결과 이 집안에서 살인사건이 있었다는 사실이 밝혀지게 된 것이다.

동네 사람들을 모두 모이게 한 자리에서 살해 당한 사람의 영혼과의 대화가 랍프 소리에 의해 이루어졌는데 이것이 바로 물리적인 심령현상으로서 역사상 확인된 최초의 사건이었다.

30. 엑토플라즘이란 무엇인가?

엑토플라즘(Ectoplasm)이란, 강령회(強靈會)를 할때 영매(靈媒)의 몸에서 빠져 나와 유령(幽靈)을 형성하고, 일이 끝나면 다시 영매의 몸 속으로 들어가는 물질을 뜻한다. 엑토플라즘이라는 이름이 붙게 된것은 노오벨 생리학 수상자인 리시에 교수가 희랍어인 Ektos plasma (無形의 것에 형태를 만들어 주는 원형질의 뜻)에서 따서 명명한 것으로서, 이것이 영매(靈媒, 靈界 또는 幽界에 사는 신령이나 망자의 혼과 의사를 통하게 하는 매개자)의 몸에서 길게 뻗어 나와서 물체를 움직이게 한다는 이유로 텔레플라즘(Teleplasm, 멀리까지 뻗치는 원형질이라는 뜻)이라고도 불리워지고 있다.

1916년 독일 의사인 수렝크·놋친 박사는 엑토플라즘을 분석해 보았던바 다량의 백혈구와 상피 세포를 포함한 타액의 성분과 비슷한 것임을 밝혀낸 바가 있고, 또한 이를 불태웠을때 손톱을 태웠을 때와 같은 냄새가 나고 남은 잿속에는 염화리튬과 인산 칼슘이 있었다고 발표하고 있다.

엑토플라즘은 영매의 입·콧구멍·눈·발목과 같은 피부가 얇은 데서 나오고, 이것이 나오면 오존 냄새가 난다고 한다.

엑토플라즘의 형태·빛깔·온도는 여러 가지로 변한다. 어떤 때는 가스와 같이 희박하기도 하고, 어떤 경우에는 돌과 같이 단단하고 비중도 사람의 몸의 ½에 가까워지는 수도 있다.

겉모양은 수증기나 구름과 같이 보일 경우도 있고, 솜이나 끈·옷

엑토플라즘을 이용하여 인간과 다름없는 유령을 만들 수 있다.

감 · 막대기와 같은 때도 있고 사람의 몸과 조금도 다르지 않게 보이는 수도 있다.

만져 본 느낌은 찐득 찐득한 경우도 있고, 매끄럽게 느껴질 때도 있으며, 옷감과 같은 감촉을 주는 경우도 있다.

엑토플라즘은 가시광선에 대하여 매우 약해서 강한 빛을 쪼이면 소금이 뿌려진 지렁이와 같이 보고 있는 앞에서 녹아서 사라져 버린다.

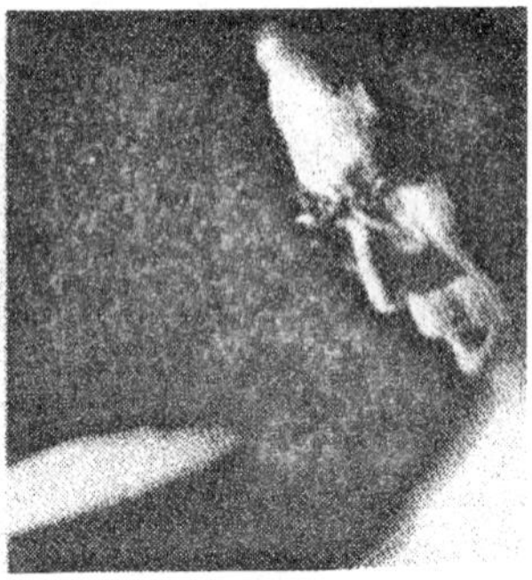

▲ 적외선으로 촬영된 영매의 엑토플라즘 모습

◀ 영능자가 입으로 토해내고 있는 엑토플라즘

31. 랍프(두드리는 소리) 소리 현상이란 무엇인가?

아일랜드의 벨파스트의 퀸대학 기계공학과 강사인 크로포오드 박사는 같은 시에 살고 있던 영능력자 집안인 고라이아가(家)와 잘아는 사이가 되어서 1914년~1920년에 이르는 6년 동안, 특히 영능력이 강했던 큰 딸인 캐더린 · 고라이아 양에 대해서 연구하여 두드리는 소리 및 물건이 떠오르는 현상에 대하여 심령과학 연구사상 잊을 수 없는 큰 공적을 세운바 있다.

랍프소리 즉, 고음(叩音=raps)은 가장 일어나기 쉬운 물리적인 심령현상의 하나로서 손가락을 튀길 때의 딱하는 소리, 마루바닥을 밟고 지나갈 때 나는 발자국 소리, 주먹으로 책상이나 벽을 똑똑 치고 두드리는 소리, 발로 마루바닥을 쾅쾅 걷어 차는 것과 같은 소리로부터 큰 쇠망치로 집안이 울릴만큼 세게 때릴 때 나는 그런 소리까지 여러 가지 소리가 나는 것이다.

앞서 이야기한 바와 같이 1848년 미국의 하이즈뷰에서 처음으로 열린 망령(亡靈)과의 통신도 이 두드리는 소리에 의해 행해졌던 것이다.

크로포오드 박사는 우선 납관식(蠟管式)인 축음기를 써서 여러 가지 종류의 두드리는 소리가 단순한 환청에 지나지 않는다고 주장하는 사람들의 의문을 완전히 씻어버린 뒤, 영매를 앉은뱅이 저울 위에 올려 놓고 실험을 하여 두드리는 랍프 소리의 크기가 영매의 몸무게의 감소량과 비례한다는 것, (이를테면 큰 망치로 마루바닥을

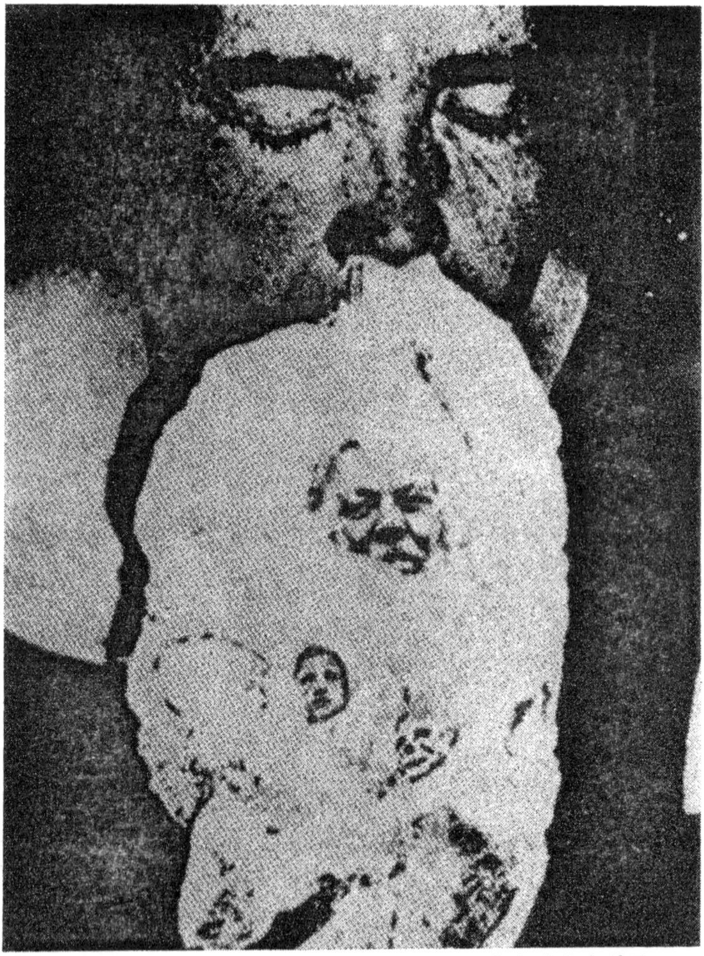

영매가 토해놓은 엑토플라즘 속에 모습을 나타낸 망자의 얼굴

힘껏 두들기는 것과 같은 소리가 났을 경우 영매의 몸 무게는 3.6 그램 가량 줄어 있었다.)을 알게 된 것이 동기가 되어서, 랍프소리는 영매의 몸에서 나오는 엑토플라즘으로 이루어진 막대기의 행위라는 사실을 밝혀내게 되어서, 이 엑토플라즘으로 만들어진 막대기 끝의 모양을 찰흙 위에 아로 새기는데 성공을 거두었던 것이다.

32. 물품의 부양 이동현상(浮揚移動現象)이란 무엇인가?

물품 떠오르기 현상(物品浮揚現象=Levitation)은 오랫동안 그 원인이 밝혀지지 않았었다. 손을 쓰지 않고 물건이 공중에 떠오르거나 물품이 이동하는 것은 현대 물리학과 분명히 모순된다는 이유로 이것이 온갖 심령현상을 부인하는 구실이 되어 왔었는데 1915년 크로포오드 박사에 의해 이것이 엑토플라즘의 행위임이 발견되어 물건 떠오르기 및 물품 이동 현상은 물리학과 조금도 모순이 되지 않는다는 사실이 증명되었다.

크로포오드 박사는 속임수를 쓴다는 의혹을 피하기 위해 캄캄한 어둠 속에서 실험한 일은 한번도 없었다고 한다. 그 당시에는 가스등을 쓰고 있었으므로 가스등을 붉은 칠을 입힌 유리 각등(角燈)으로 덮고 썼는데, 그 밝기는 눈이 익숙해지면 방안 구석까지 충분히 보일 정도였다고 한다.

테이블을 공중에 떠오르게 하는 실험을 할 경우에는 앉은뱅이 저울 위에 영매를 올려 놓고 대여섯명의 참석자들이 둥그렇게 모여 앉아서 탁자를 그 가운데 놓는다.

실험은 우선 영매의 무게를 잰 뒤에 찬송가의 합창과 기도를 올리는 것으로 시작이 되어 2~3분이 지나면 두드리는 랍프 소리가 일어나고, 그 소리가 점점 강해져서 15분 가량 지나면 탁자가 공중에 떠올랐다고 한다.

크로포오드 박사는 지도령(指導靈)에게 탁자를 공중에 떠오르게 한채 정지시켜 주도록 부탁을 하고 영매의 몸무게의 변화를 확인하여 기록을 했다. 이와 같이 하여 수많은 실험을 거듭한 결과, 몸무게의 변화는 대개의 경우 탁자의 무게와 같다는 것을 발견하여 영매와 탁자 사이에 손을 넣어서 더듬어 본 결과 눈에는 보이지 않지만 찐득찐득한 작대기 모양의 것이 있고, 그것을 움켜 쥐면 탁자는 방바닥에 떨어지지만 지팡이나 유리로 만든 막대를 횡단시켜도 아무렇지도 않다는 사실을 알아내었다고 한다.

이리하여 크로포오드 박사는 물건이 공중에 떠오르는 것이라든가 물품 이동이 영매의 몸에서 나오는 엑토플라즘의 팔에 의해 행해진다는 것을 확인하여 지랫대 이론(lever Theory)을 발표했던 것이었다.

간단하게 물건이 위로 떠오르는 불가사의한 심령현상

33. 물질화 현상(物質化現象)이란 어떤 것인가?

물질적인 심령실험의 가장 뛰어난 것은, 사람 및 동물의 혼의 물질화 현상인 것이다. 물질화 현상(materialization)이란, 영매의 몸에서 나오는 엑토플라즘을 써서, 얼른 보기에는 살아있는 사람과 조금도 다를 데가 없는 유령을 나타나게 하는 현상으로서, 이 경우에 엑토플라즘의 비중, 즉 유령의 몸의 비중은 대체로 영매의 몸 무게의 반이라는 사실이 쿠룩쿠스 교수 등의 실험에서 측정한 바가 있다.

물질화된 유령을 처음으로 출현시킨 것은 근대 심령과학 수립의 단서가 된 '하이즈뷰사건'의 중요 인물이었던 케이트 · 폭스양이다.

뉴욕시의 금융인이자 캐스 · 리바모어씨는 죽은 아내인 에스텔이 그리운 마음을 참을 길이 없어, 케이트 · 폭스 양을 영매로 삼아서 랍프 통신을 행하고 있었는데, 1861년 4월 들어 어느 날의 실험에서 뜻밖에도 그의 죽은 아내의 굉장한 물질화령(物質化靈)이 나타났던 것이다.

무질화된 유령의 용모 · 태도 · 복장은 살아있었던 당시의 에스텔 그대로였으며 방안을 이리 저리 거닐었고, 비록 말소리는 내지 못했으나 연필을 쥐고 자유스럽게 필담(筆談)을 하였다고 한다.

그런데 재미있는 것은 영매인 케이트 양은 프랑스 말은 전혀 몰랐는데 필담은 에스텔이 생전에 자랑거리였던 프랑스 말로 이루어졌다는 점이다.

또한 에스텔의 유령은 인간미가 풍부하여 남편인 리바모어씨의 목에 팔을 감기도 하고 키스도 했다고 한다. 케이트 양이 유령을 물질화 시키는 데는 많은 지도령(指導靈)들이 협조를 했는데, 그 주역을 맡은 지도령들 가운데 한 사람에 벤저민 · 플랭클린이라고 말하는 영이 있어서 때때로 그 자신도 물질화 되어 나타나곤 했는데, 그의 생김새와 모습은 미국 건국의 으뜸가는 공로자였던 벤저민 · 플랭클린의 초상화(肖像畵)와 똑 같았다고 한다.

물질화(物質化)된 영혼
'케디 · 킹'의 모습

34. 직접 담화현상(直接談話現象)이란 무엇인가?

영매의 입을 통해서 영(靈)이 말하는 것을 영언현상(靈言現象)이라고 말하거니와, 영매의 입을 통하지 않고 (따라서 이런 현상이 일어나는 동안 영매의 입을 반찬고로 봉해버린다) 공중에 떠올라 있는 확성기에서 또는 매우 드문 일이긴 하지만 물질화된 영 자신의 입에서 발성하는 경우도 있는데 이런 현상을 직접 담화현상이라고 한다.

이런 경우, 순간적으로 발성기관을 물질화시키는 경우(사진 참조)와 메가폰의 끝의 좁은 쪽을 영매의 발성기관 근처에 연결시켜서 공기를 진동시키는 경우가 있다.

따라서 똑같은 직접 담화라고 해도 고인의 살아있었을 때의 목소리와 똑같은 경우가 있고, 영매 자신의 목소리와 비슷한 경우가 있는데, 어느 편이든 영매의 입은 쓰고 있지 않는게 분명하다.

더욱이 직접 담화의 경우에는 길 때는 30분 또는 한시간씩이나 계속되는 경우도 있는데, 그동안에 같은 사람의 영혼이 계속해서 이야기하는 경우와 몇 사람의 망령(亡靈)들이 서로 교대해서 이야기하는 경우도 있는데, 요즘에는 이런 이야기들을 전부 녹음해 둔다.

또한 이야기하는 내용도 때로는 영계(靈界)에 대한 보고가 있는가 하면, 설교도 있고, 때로는 유모어가 섞인 농담을 하는 경우도 있다.

요즘 사람들은 직접 눈으로 보고 귀로 들을 수 없는 것은 믿지

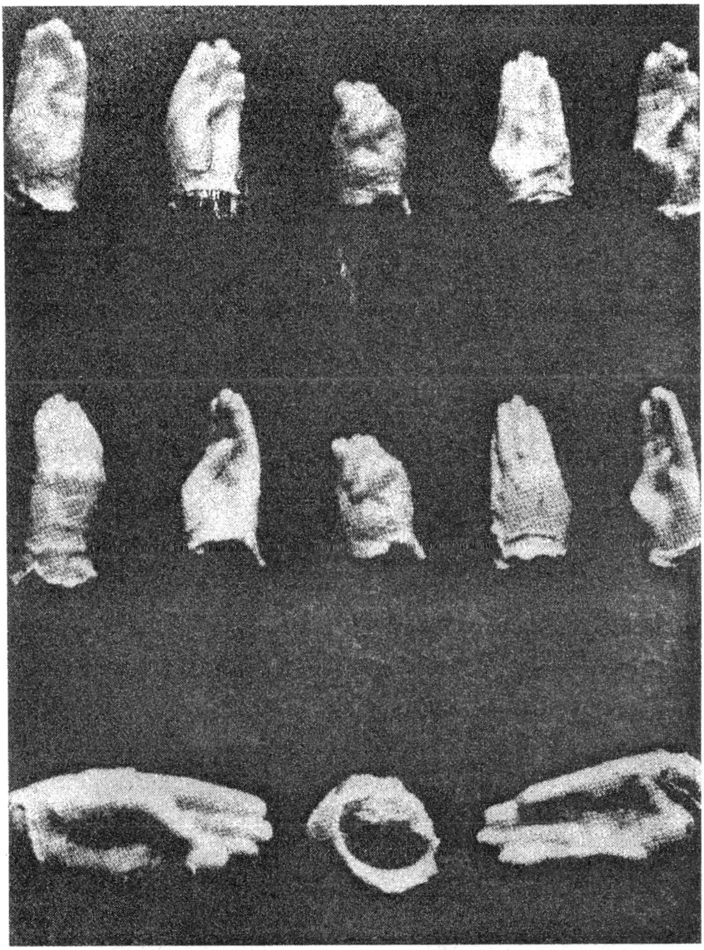

물질화 된 유령의 손을 밀랍(蜜蠟) 물에 담구고 건진 다음, 여기에 석고를 바른 뒤 뜨거운 물로 밀납을 녹여 망인의 손장갑을 만든다.

않으려는 경향이 농후하기 때문에 심령세계가 엄연히 존재한다는 사실을 증명하는데 있어서 직접 담화현상의 기록은 크게 도움이 되고 있다.

물리 영매
〈캐더린 고라이야〉양

영매 쿡크를 연구한
쿠룩크 박사 士

소녀 영매 프로렌스 쿡크

35. 심령사진과 염사, 심령수술이란 어떤 것인가?

심령사진이란 염사 능력(念寫能力)이 있는 영능력자가 찍은 사진 속에 지박령(地博靈)이나 부유령(浮游靈)의 모습이 찍히는 것을 말한다.

이중에서 지박령이란, 사람이 자살을 하거나 살해당한 현장에서 찍은 사진에 나타나는 경우가 있고, 또 하나는 부유령의 사진인데 죽은 장소와는 관계없이 찍혀진 사진이다.

이를테면 졸업기념 사진이라든가 수학여행의 사진같은 데 잘 나타나는 것이다. 그러면 어째서 사진이 찍히느냐 하면, 그곳에서 사진을 찍은 살아있는 사람과 사자(死者)와의 영파가 일치되어 있다든가, 샷터를 누른 사람과 사자와의 영파가 일치된 탓이 아닌가 한다. 따라서 전혀 낯선 사람이 찍힌다 해도 하나도 이상할게 없다.

다음으로 염사(念寫)란 심령사진을 찍는 능력자인 사진사가 마음에 먹은 장면을 염력(念力)을 발사해서 사진의 네가 필림에 감광(感光)시키는 현상을 말한다.

염사(念寫=Nen-graph)는 일본 동경대학 심리학 교수였던 후꾸라이 도모기찌(福來友吉)박사가 투시 실험을 현상으로서 광선을 사용하지 않고, 마음 속으로 생각할 뿐으로 희망하는 인물·경치·글자 등을 건판(乾板)위에 나타나게 하는 현상으로서 건판이나 필림을 한장씩 틀에 넣어도 좋고, 또는 가게에서 산채로 겉봉을 뜯지 않은 한 다아스의 건판이나 필림을 갖고 지정된 장소를 동시에 몇장이라

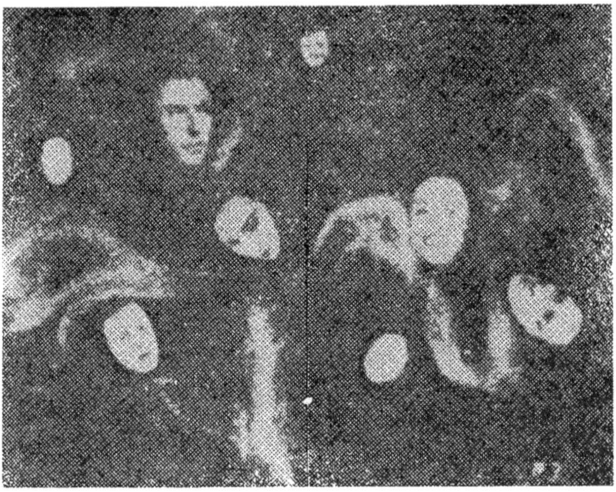

교회에서 찍은 염사사진

도 찍을 수 있는 것이다.

필자의 제자 중의 한 사람인 이희중(李熙中 가명)씨도 이런 심령사진과 염사를 할 수 있는 능력을 갖고 있으며, 아마도 현재까지는 한국에서는 한명 밖에 없지 않나 생각된다.

다음으로 심령수술에 대해서 설명을 하고저 한다. 심령치료나 심령수술에 있어서 가장 중요한 것은 신이나 수호령의 도움을 받아 영적인 능력을 부여받은 사람이 (영적인 능력을 마그네틱파워라고 한다.) 없이는 어떤 심령치료나 심령수술도 할 수 없다.

칼을 사용하지 않고 수도(手刀)를 써서 환부를 자르고 병든 부분을 끊어내고 다시 상처를 봉합하는데 환자는 아무런 통증도 느끼지는 않는다.

필자가 생각하기에 이는 심령수술을 하는 능력자와 그의 수호령이 강력한 생명 자력 (生命磁力)을 발사해서 피부를 하나로 연결시키고 있는 힘을 무효로 함으로써 피부가 자연스럽게 갈라지고 병든 부분을 끊어낸 뒤에 간섭하던 힘을 다시 거두면 피부는 본래의 모습대로 돌아가는 것이라고 생각된다. 그러나 일련 심령수술보다도 필자가 발견한 옴 진동수 장기복용과 옴 진동을 직접 스피커를 통해 환부에 쪼이므로서 수술이 필요없이 자연 치유를 시키는 방법이 보다 효율적이 아닌가 생각된다.

정신을 통일하는 염사(念寫)의 실험

제 3 장

초능력의 세계

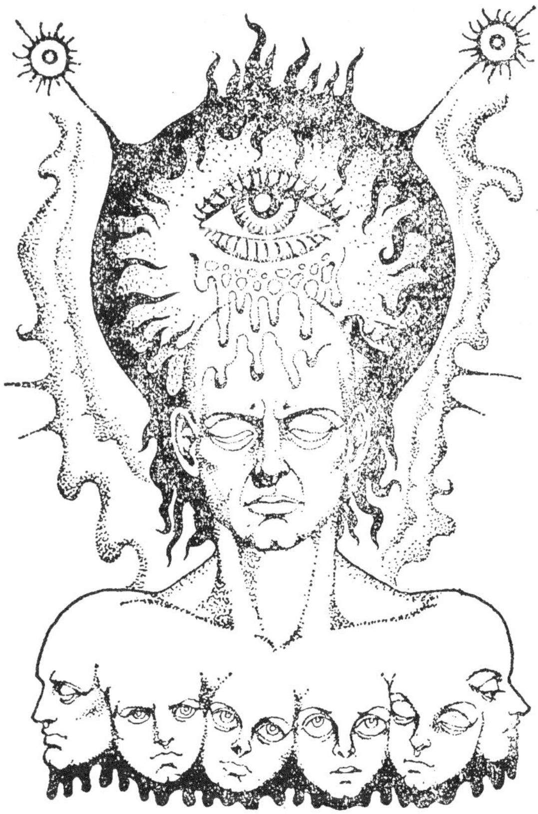

36. 초능력(超能力)이란 무엇을 뜻하는가?

보통 사람들이 갖고 있지 않은 뛰어난 특수한 능력을 가진 사람들을 우리는 흔히 초능력자(超能力者)라고 부른다. 또한 수호령이나 강력한 배후령(背後靈)의 힘을 빌어서 어떤 초능력을 행사할 때 우리는 이를 초능력이라고 부르지 않고 영능력(靈能力)이라고 부른다.

그 사람의 두뇌 구조가 특수해서 초능력을 행사할 수 있는 사람만이 진정한 뜻에서의 초능력자라고 볼 수 있고, 영능력자는 그 힘의 근원인 보호령이나 배후령이 바뀌면 그 순간에 초능력은 없어지게 마련이다.

영능력이 있던 사람이 없어진 뒤에도 계속 능력자 행세를 하는 경우가 많은데 이런 경우는 가짜 영능력자라고 부른다.

사람에게는 눈·코·입·귀·피부로 느끼고 알 수 있는 감각외에도 흔히 영감(靈感)이라고 불리우는 육감(六感)이 약간 있게 마련인데, 이것이 발달된 것을 흔히 초능력이라고 부르며, 이 초능력에는 다음과 같은 많은 종류들이 있다.

먼저 염력(念力)을 들수가 있는데, 염력파(念力波)에 의하여 물체 또는 사람을 움직이게 하는 능력을 말한다. 또는 물체에 변화를 주는 수도 있다.

한편 염력에 의해 물체의 사진을 찍는 것을 염사(念寫)라고 한다. 뛰어난 염사 능력을 가진 초능력자는 죽은 사람의 영혼을 사진

찍는 것이 가능하다.

또한 잠겨진 금고 안을 투시하거나 먼 곳의 장면을 볼 수 있는 초능력을 천리안(千里眼)이라고 한다.

이런 투시 능력이 평면적으로 작용하면 천리안이 되고, 시간면(時間面)으로 작용하면 영사 능력(靈査能力), 이른바 전생과 과거에 있었던 일을 알 수 있는 능력이 된다.

시간을 투시하는 데도 두 가지 능력이 있다. 과거를 투시하면 '영사 능력'이지만 미래를 보게 되면 예지능력이라고 부른다. 그러니까 거리를 초월할 때는 투시 천리안이고, 시간과 공간을 초월할 때는 한마디로 영사 능력이라고 하며, 불교에서는 이런 초능력을 천안통(天眼通) 또는 숙명통(宿命通)이라고 해서 여섯가지 신통력(神通力)의 하나로 꼽고 있다.

두터운 것으로 눈을 가려도 초능력자는 투시로 볼 수 있다.

37. 초능력의 종류와 그 원리는 무엇인가?

염력(念力)을 이용해서 물건을 이동시키거나 영향을 주는 힘, 시간과 공간을 초월해서 투시하는 힘, 이런 초능력 ㄷ 음으로 빼어놓을 수 없는 것은 텔레파시 능력이라고 볼 수 있다. 텔레파시란 멀리 떨어져 있는 거리에서도 상대편 사람이 무슨 생각을 하고 있는지 알아내거나, 두 명의 인간이 서로 생각하고 있는 것을 정신력으로 교신할 수 있는 능력을 말한다.

또한 도형(圖形)이나 그림 따위를 텔레비전과 같이 서로 송신할 수도 있다. 필자는 그 당시 강화도(지금은 묵호에 계심)에 계시던 박문하(朴文夏 · 가명) 목사님과 여러 차례 텔레파시 교신을 해서 이를 성공시킨 경험을 갖고 있다.

한편, 이런 능력이 극도로 발달되면 텔레파시 능력이 없는 보통 사람의 꿈속에 나타나서 이쪽의 생각을 전달해 줄 수도 있다. 또한 예지, 예언능력을 들수가 있는데, 앞으로 일어날 일들을 영감(靈感)으로 알아내거나 꿈을 보고 아는 것을 예지능력이라고 부른다.

또한 미래에 일어날 일들을 미리 알아서 말로 표현하는 능력을 예언능력(豫言能力)이라고 부른다.

끝으로 여러 가지 초능력 가운데 가장 드물고 힘든 능력이 바로 텔레포테이션 (4차원 공간을 통한 순간 이동 능력)이다.

초능력자의 의지의 힘으로 눈 깜짝할 사이에 사라져서 다른 곳에 나타나는 능력을 말한다. 이것은 유체(幽體)가 극도로 발달되어서 자기의 육체를 에너지로 변하게 할 수 있는 단계에 이르면 가능하다.

보통 사람들이 갖지 못한 이같은 초능력은 도대체 어디서 생기는 것이며, 그 원리는 무엇일까? 이에 대해서 생각해 보기로 한다.

보고 듣고, 맛보고 냄새 맡고 만질 수 있는 감각이 어디까지나 육체에서 비롯된 것이라면, 영감 또는 육감이라고 불리우는 능력은 육체 속에 들어 있다고 생각되는 순수 전자파 에너지체인 유체(幽體)가 지닌 능력인 것이다.

다시 말해서 인간의 영혼이 지닌 능력이라고 보아야 될 것이다.

영혼은 어디까지나 4차원적인 존재이기에 시간과 공간을 초월할 수 있는 것이다.

살아 있을 때, 많이 수련을 해서 유체(幽體)가 극도로 발달된 상태에서 죽은 사람의 영혼이 살아 있는 사람의 몸에 빙의가 되어도 이런 능력이 생기게 되는데, 이런 경우를 흔히 영통(靈通)했다고 한다. 그러나 그런 빙의령이 몸에서 떠나면 그는 그전의 평범했던 인간으로 되돌아 가게 마련이다.

이에 비하여 초능력자란 본인이 육체 및 유체가 극도로 발달되어서 초능력을 발휘하게 되는 것이다. 이런 경우에는 도중에서 초능력이 없어지는 일은 없다.

그렇다면 초능력자의 초능력은 구체적으로 어디에서 비롯되는 것일까. 이에 대하여 그동안 필자가 연구해서 얻은 결론을 잠시 소개해 볼까 한다.

사람의 두뇌는 크게 나누어서 세 가지 부분으로 되어 있다. 척추와 연결이 되어 있는 뇌간(腦幹)과 간뇌(間腦), 그리고 대뇌(大腦)를 들 수가 있다.

한편 간뇌에는 시상하부(視床下部)와 송과체(松果體)가 포함되어 있는데 현재까지 알려진 바에 의하면 이 시상하부는 온갖 내분비선을 조절하고 있는 곳이고, 요가에서 말하는 사하스라 · 차쿠라가 있는 곳이다.

이 시상하부는 간뇌의 일부로서 그 생리적인 기능은 다음과 같다.

체온 · 순환 · 외분비(外分泌) · 내분비(內分泌) · 평활근(平滑筋) 등의 기능의 조절을 맡고 있는 동시에 내분비선을 컨트롤 하는 곳으로 중요시 되고 있다.

내분비선 조절로서는 신경조절(교감신경과 부교감신경) 체액성(體液性) 조절이 있다. 이 시상하부의 기능에 이상이 생기면, 성기능 이상과 물, 전해질(電解質)대사 이상, 비만증, 각종 자율신경 이상에서 오는 증상이 나타나게 된다.

체온 조절, 땀 조절, 수면 조절, 소화 조절 장해, 호르몬 분비 장해, 각종 시력장해, 각종 지각(知覺)장해, 정신장해 그리고 인격의 변화까지 일어난다고 한다.

한편 송과체와 뇌사(腦砂)의 기능에 대해서는 아직 현대의학에서는 확실한 것을 밝혀내지 못하고 있다. 아무튼 인간이 발휘할 수 있는 초능력의 비밀은 간뇌의 시상하부와 송과체 및 뇌사에 원인이 있는 듯하며, 필자의 견해에 의하면 이곳이 인간의 영혼이 깃들이는 곳으로 보고 있다.

태어났을 때부터 이 시상하부와 송과체가 발달된 사람들은 이른바 타고난 초능력자라고 할 수 있다.

38. 텔레파시 능력이란 어떤 것인가?

텔레파시란 앞서도 잠깐 소개한 것과 같이 사람과 사람이 일반적인 방법을 쓰지 않고 일종의 염력 통신(念力通信)을 하는 것을 말한다.

꿀벌이 멀리 떨어져 있는 동료 꿀벌에게 꽃밭의 소재를 알리는 것도 일종의 텔레파시 통신인 것이다.

물론 텔레파시는 아무나 되는 것은 아니다. 흔히 일란성 쌍생아(一卵性雙生兒)는 텔레파시가 된다는 이야기가 있다. 한편 텔레파시는 살아있는 사람들끼리만 가능한 것이 아니고 죽은 사람의 영혼이 살아있는 가족에게 앞으로 일어날 일에 대하여 텔레파시로 알려온 예는 많다.

필자는 지금 여기서 텔레파시의 그 수많은 예를 들어서 그 현상이 실재로 존재한다는 사실을 여러분들에게 알리려는 것은 아니다.

텔레파시가 어떤 원리에서 작용하는가 하는 문제에 대해서는 아직 심령과학적으로 이렇다 할 정설이 없기 때문에 그동안 20년 가까이 필자가 연구한 경험을 토대로 해서 하나의 가설을 소개하고저 한다.

사람의 간뇌(間腦)에는 송과체라는 신비스러운 기관이 있고, 이 송과체 안에는 뇌사(腦砂)라는 것이 있는데 만 여덟살까지는 뇌사가 분명히 존재하고 있으나 그뒤 성장함에 따라서 뇌사는 그 자취를 감추고 흔적만 남게 된다.

여덟살 미만의 어린 아이들은 대체로 영감(靈感)이 발달되어 있으나 그뒤 어른이 되어감에 따라서 영감은 사라지고 상식에 의해 모든 사물을 판단하는 범인(凡人)이 되는 것을 볼때, 이 송과체 안에 있는 뇌사와 텔레파시 능력은 깊은 관계가 있지 않나 한다.

송과체 안에 있는 뇌사를 어떤 방법에 의해 응집을 시켜서 아주 작은 구슬을 만들때, 그 구슬은 작자의 고유한 영파 파장(靈波波長)에 동조를 할 수 있는 것이다.

오랜 세월에 걸친 명상에 의해 정신 에너지를 미간(眉間)에 집중시키므로서 가능하고, 요가의 특수한 훈련, 밀교(密敎)의 수행에 의해서 가능하지만 시간이 오래 걸리는게 흠이다.

필자가 개발 연구한 태양 에너지를 장심(掌心)의 심포경(心包經)을 통하여 흡수시켜서 뇌사를 응집시키는 방법은 대체로 1년이면 충분하다.

뇌사가 응집해서 사리(舍利)를 이룬 사람은 자기가 곧 상대방이라고 생각하면 상대편의 영파와 같은 영파의 주파수로 변하게 되는 것이다.

39. 전생(前生)을 볼 수 있는 원리는 무엇인가?

초능력자 내지 영각자(靈覺者)는 두뇌의 조직 자체가 보통 사람들과는 다르다.

이들은 상대방의 간뇌(間腦)의 송과체에서 발신하는 영파(靈波)의 파장에 동조할 수 있으므로 상대방 자체가 될 수 있다. (그러나 본인의 보호령이 방해하면 영파 동조는 불가능해진다.)

그렇게 되면 자연히 간뇌에 기록되어 있는 상대방의 전생의 기록을 거울에 비추듯이 알게 된다. (이것은 마치 책을 첫페이지에서 끝페이지 까지 동시에 읽는 것과 같은 현상이다.) 그러나 전생의 기록을 읽는다는 것은 꼭 필요한 경우, 다시 말해서 꼭 그것을 이야기해 줌으로써 상대방의 혼의 진화에 반드시 필요한 경우, 본인의 보호령의 협조를 얻어서 할 수 있는 일이다.

흔히 젊은이들이 떼를 지어서 필자의 연구원에 찾아와서 불성실한 태도로 자기네들의 전생을 이야기 해 달라고 하는 경우가 많은데 필자는 이런 경우 진동수를 100일 이상 마시고 심신(心身)을 정화시킨 뒤에 오라고 그냥 돌려보내곤 한다.

이같은 경우에는 전생은 알 수도 없을 뿐만 아니라 또 설사 알수 있더라도 이야기를 해주어도 피차의 시간 낭비일뿐, 아무 소용이 없음을 필자는 그동안 몇년에 걸친 경험에서 얻었기 때문이다.

누구나 전생을 알아야만 하는 것이라면 처음부터 하나님께서 모두 스스로 알 수 있게 해 주셨을 것이다. 모르게 했을 때는 다 그만한 이유가 있기 때문이다.

이야기 해 주어서는 안될 사람에게 전생 이야기를 들려준다는 것은 '천기 누설'의 죄를 범하는 결과가 되고, 천기를 누설한 능력자는 마땅히 벌을 받게 된다.

벌은 능력감퇴 또는 집안 식구들의 뜻하지 않은 불행한 사고와 같은 형태로 반드시 찾아든다는 것을 필자는 그동안 오랜 경험에서 몸서리치게 깨닫게 되었다.

중요한 것은 전생에서의 자기가 누구였으며, 무엇을 했는가를 아는 것보다는 어떤 인생관을 갖고 어떻게 살아가느냐가 중요한 것이다.

지금의 자기의 위치가 아무리 마음에 안들더라도 그것은 지난날의 자기가 원인을 만들었거나 자기가 원하는 상태라는 것을 알아야 한다.

40. 미래에 대해서 알 수 있는 원리(原理)는 무엇인가?

미래에 일어날 일들 중 중요한 것들은 이미 영계(靈界)에서 시나리오가 되어 있다고 생각하면 된다. 물론 세부적인 면까지 완전히 정해져 있는 것은 아니고 대체로 그 흐름만은 정해져 있다고 보아야 한다.

가령 1978년 6월 25일 낮 정오를 기해서 부처님이 지배하던 시대가 끝나고 미륵불이 관여하는 후천시대(後天時代)가 열리게끔 되어 있다고 하자. 선천(先天)이 끝날 때는 그때까지 인간들이 지어 온 많은 업장때문에 3년을 계속해서 가물게 되어 있다고 하자. 그러나 여기 한 도인(道人)이 있어서 이런 천기(天機)를 알아내어 백성들을 흉년의 고통에서 구해 주어야겠다는 큰 자비심을 말하여 스스로 창조주가 된 마음으로 한 달 앞당겨서 후천의 문을 열수는 있다는 이야기이다.

그렇게 되면 6월 25일이 지나야 비가 오게 되어 있던 것이 5월 25일에서 6월 25일 사이에 장마전선이 들게 되니까 흉년은 면하게 마련이다.

이것은 실제로 필자가 행한 천지공사(天地公事)의 한 예이거니와 무한한 사랑 (또는 자비심)과 지혜와 힘은 곧 창조주의 특징이기 때문에 이 싸이클에 동조하면 신통력을 발휘할 수 있는 것이다.

우리가 방 안에 앉아 있으면 자기가 앉아 있는 방 안밖에 안보이지만, 성층권까지 올라가서 내려다 보면 신의주와 평양과 서울이 한눈에 보일 수 있듯이, 4차원의 세계를 넘나들 수 있는 능력이 있으면 과기의 현재와 미래를 어느 정도 동시에 알 수가 있고 결정적인 것이 아닌 작은 부분은 미래에 일어날 일을 예방하거나 아니면 자기 자신만이라도 미래에 예정된 큰 사고에서 빠질 수가 있는 것이다.

41. 사건의 진상을 알아낼 수 있는 원리는 무엇인가?

세상에 알려진 많은 투시 능력자들 가운데 제랄드 · 크로젯트라고 불리는 키가 작고 뚱뚱한 네덜랜드 사람 이상의 투시 능력자는 좀처럼 찾아보기 힘들다.

그가 해결한 많은 사건들 가운데 경찰의 힘으로는 도저히 해결이 안된 살인사건을 가해자가 남긴 한오라기의 실을 만져 보고 해결한 예를 들고, 그 원리를 설명해 보고저 한다.

1968년 2월 22일밤, 힐페므스시에서 한 은행원 가족 전원이 살해되고 한국 돈으로 80만원 가량 되는 돈이 강탈당한 사건이 일어난 일이 있었다.

은행원 부부와 열 한살 되는 딸이 날카로운 흉기로 마구 찔렸고 심장이 찔려 살해 당한 그런 사건이었다.

피해자는 5층으로 된 맨션의 4층에 살고 있었는데, 4층에는 피해자 이외에 일곱 가족들이 살고 있었다고 한다.

이런 범행이 일어난 것을 아무도 몰랐었고 맨션을 드나 든 범인을 본 사람도 없었다고 했다. 경찰에서는 범인을 전과자로 짐작을 했다. 그것은 범인이 수사에 단서가 될만한 증거를 현장에 하나도 남기지 않았기 때문이었다.

범인의 것이라고 생각되는 지문은 전혀 찾아볼 수가 없었고 겨우 찾아낸 것은 피해자의 오른 손가락에 피해자의 것이 아닌 실오라기가 몇개 엉켜 있었을 뿐이었다.

조사한 결과 그 실오라기는 네덜랜드제 양복지로서 점버나 작업복에서 떨어져 나온 것임이 밝혀졌다. 그러나 그것만으로는 수사는 불가능했다.

이 사건은 미해결로 3년이 지난 뒤에 크로젯트에게 위임이 되었다. 크로젯트는 그 유일한 증거품을 만져 보더니,

"범인은 말틴스타이크시에 살고 있는 구두공이군요. 나이는 32~33세. 이마에 동전 크기의 점이 둘이 있고, 오른쪽 귀바퀴에 콩만한 크기의 사마귀가 있고, 앞 이빨은 3개 금니를 했고, 오른손 새끼손가락 끝이 없고, 왼손 등에 길이 2센티 가량의 흉터가 있습니다."

범인은 강도 전과 2범이라고 했다. 형사들은 곧 현장으로 달려가서 전과자 명부를 조사했다. 범인은 콜베트라는 사나이였다. 크로젯트가 말한 그대로의 특징을 가진 사나이였다.

콜베트는 체포되는 순간 납득이 안가는 표정이었다. 그는 사건이 나던 날 밤의 알리바이도 있었고 아무일 없이 3년이 지났기 때문에 체포될 염려는 없다고 완전히 안심을 하고 있었다. 그러나 크로젯트가 투시한 결과를 듣자 체념을 하고 자백을 하더라는 것이었다.

결국 모든 물질은 저마다의 고유한 파장을 갖고 있으며 그 실오라기에는 피해자가 본 범인의 특징이 강력한 염력(念力)에 의해 기록되어 있었던 것을 크로젯트는 읽은 것이라고 생각된다.

우선 크로젯트는 피해자의 기분이 되어서 실오라기를 쥐어 보았고 그 결과 피해자의 영파 파장과 동조함으로써 기록된 내용을 알아낸 것이라고 생각된다.

필자도 붓글씨를 보고 그 붓글씨를 쓴 사람의 성격의 특징과 인상을 알아낸 적이 있는데 그 원리는 같은 것이라고 생각된다.

영능자 B 씨의 영시로 나타난 물에 투신 자살한 망인의 원령
(怨靈)

호수의 풍경 사진에 떠오른 영혼의 얼굴

42. 텔레파시 능력으로 원하는 상대방의 생각을 조절할 수 있는 원리는 무엇인가?

몇년 전 일이다. T교의 고급 간부되시는 박순경씨(가명)가 필자를 찾아온 일이 있었다. 그와 더불어 필자는 여러 가지 이야기를 나누었는데 그중에는 미래에 일어날 일들을 이야기한 것도 있었다.

이야기가 끝난 뒤에 필자는 문득 공연한 이야기를 했구나 하는 생각이 들었다.

"오늘 저하고 상당히 중요한 이야기를 했는데 집에 가시면 무슨 이야기를 주고 받았는지 생각이 나지 않기 쉬울 것입니다."

그러나 그는 필자의 말을 믿지 않는 눈치였다. 다음 날 그가 다시 필자를 찾아 왔다.

"어제 집에 가서 생각을 해보니까 안선생께서 무엇인가 중요한 이야기를 하셨는데 도무지 생각이 나지를 않더군요. 그래서 안선생이 신통력을 갖고 계시다는 것을 인정하게 되었습니다만, 그래서 오늘은 저의 비서를 대동하고 왔는데 함께 이야기를 해도 좋겠습니까?"

하는 것이었다. 물론 필자는 쾌히 승낙을 했지만 아마 결과는 전날과 마찬가지였으리라고 생각된다.

사람의 두뇌 조직은 일종의 정밀한 녹음 테이프와 같아서 동일한 파장으로 기억을 어느 정도 지우는 것은 과히 어려운 일이 아니다.

이야기를 들은 많은 사람들의 기억을 지운다는 것은 매우 힘든 일이지만 한두 사람쯤의 두뇌에 간섭을 하는 것은 과히 힘든 일은 아니다.

남편은 멀리 미국에 있고 부인은 한국에 남아 있어서 몹시 그리워하고 있는 그런 경우가 있었나. 이 부인을 보내고 난 뒤, 그날 밤이 아니었던가 생각된다. 필자는 부인의 영파와 동조해서 남편의 영파를 알아내었고 그의 꿈 속에 나타나서,

"부인이 몹시 당신을 보고 싶어하고 있으니 꿈에라도 나타나서 위로를 해주시오."

하고 필자의 생각을 전달했다. 다음 날 이 부인이 아주 명랑한 표정으로 필자의 연구원을 찾아 왔다.

"어제 밤새 꿈속에서 남편과 함께 지냈지요?"

했더니 얼굴이 붉어지면서 그렇다고 했다. 영파 싸이클에 동조하려면 자기가 상대방이 되어야 한다. 간단한 자기 최면의 기술로서도 훈련을 거듭하면 가능한 것이다.

43. 텔레파시 능력으로 미리 정해진 운명을 바꿀 수 있는가?

지금부터 10여년 전 일이었다고 기억된다. 아니 어쩌면 그보다도 훨씬 오래전 일인 것 같기도 하다. 을지로 입구 파출소 앞을 지나야 하는데 그때 필자는 이상하게 불길한 느낌이 들어서 미국공보원 뒷길로 돌았다. 그런데 얼마를 가는데 을지로 입구 쪽에서 총성이 들렸다.

필자가 을지로 파출소 앞을 지나 갈 그 시간이었다. 그날 저녁 석간 신문을 보니까 파출소 이층에서 순경이 권총 정비를 하다가 오발이 되어서 지나던 행인이 크게 부상을 입었다는 기사가 실려 있었다.

이때 행인이 단순한 부상에 그쳤는지 끝내 죽었는지 하도 오래 전 일이라서 필자는 기억하고 있지 못한게 사실이지만, 이런 경우는 비록 뚜렷하게는 나타나지 않았지만 텔레파시에 의한 예지 능력이 필자를 구해 준 것이 아닌가 한다.

또한 이것은 그때 그 시간에 오발 사고가 나게끔 정해져 있었다는 이야기도 된다.

대서양 횡단의 호화여객선이었던 타이타니크호의 선표 예약을 했던 죤·오콘너라는 사람이 불길한 꿈을 꾼 덕분에 그 배에 타지 않아서 목숨을 건진 것도 텔레파시 능력이 예지 능력을 발휘한 좋은 예이다.

우리가 살고 있는 것은 폭과 길이와 높이가 있는 3차원의 세계에 지나지 않는다. 여기에 시간이 첨가된 4차원의 세계에서 보면 과거와 현재와 미래는 동시에 존재하게 된다. 그것은 마치 고공(高空)에 떠있는 비행기에서 신의주와 평양과 서울이 동시에 내려다 보이는 현상과 같다고 보면 된다.

본시 인간의 영혼은 시간과 공간을 초월한 존재이기 때문에 영감이 잘 발달된 사람은 어느 정도 이미 정해져 있는 미래의 일을 볼 수가 있고, 그럴 때 그의 운명은 수정이 될 수 있는 것이다.

또한 이렇게도 생각이 된다. 필자나 오콘너의 경우 본인들의 보호령이 영감의 형태로 앞으로 일어날 사고를 알려준 게 아닌가 생각이 되기도 한다.

자기에게 보호령이 있다는 사실을 인정하고 항상 기도를 통해서 보호령과 밀착된 생활을 하는 게 바람직하다.

44. 테레포테이션 능력이란 어떤 것인가?

오래 전에 AFKN에서 방영된 영화 가운데 '스타아 · 트렉(STAR TREKS)'이라는 작품이 있었다. 이 영화에서는 떠돌이별의 궤도 위를 도는 거대한 우주선 '엔터프라이즈호'에서 쓰는 수송 수단이 아주 희한했다.

사람을 전자(電磁) 에너지로 바꾸어 전송(電送)을 해서 도착점에서 다시 사람으로 재구성시킨다.

이 광선에 쏘이면 적에게 붙잡혀 있던 우주선 선원들이 깜짝 놀라 지켜 보는 가운데 에너지로 변해 사라진다. 밀폐된 감옥이나 밀실도 이들 우주선 선원들을 가두어 두지는 못했다.

미래사회에서는 언젠가 이런 방법이 개발되리라고 생각되지만 그렇게 되면 오늘날의 교통 수단은 거의 필요없게 될 것이다.

그런데 이런 순간 이동을 우리 인류는 오래 전부터 단순히 정신력의 집중으로 해온 사람들이 있었다. 이름지어 동양에서는 축지법이라고 했고, 또 요즘말로는 '테레포테이션'이라고 부른다.

인간의 육체 속에는 유체 · 영체라고 불리우는 전자파 에너지체가 겹쳐 있는데 보통 사람들의 경우에는 이 유체나 영체는 극히 미완성의 상태에 머물러 있다.

그런데 세상에는 타고 날때부터 이 유체나 영체가 비상하게 발달된 사람들이 더러 있고, 요가나 밀교(密教)의 특수한 수련법에 의해 후천적으로 이 유체와 영체를 극도로 발달시켜서 완전히 육체를 지배하게 되면 본인의 강력한 뜻에 의해 육체가 에너지체로 바뀔 수가 있는 것이다.

일시적으로 유체화(幽體化)된 육체가 본인이 원하는 곳까지 이동을 해서 다시 원상 복귀를 하면 이것이 바로 축지법이고, 또 테레포테이션 능력인 것이다.

또한 이것은 강력한 보호령의 영력(靈力)에 의해서도 가능한 것이다.

사람이면 누구나 잠재적으로 간뇌(間腦)에 간직되어 있는 초능력을 개발하면 미래의 인간들은 이런 능력을 갖게 될 것이다.

인간의 두뇌가 완전히 발달이 되어서 우주력을 제어하게 되면 육체를 에너지화 시켜서 순간 이동도 가능해지겠지만, 또한 기계에 의해 할 수 있는 방법도 멀지 않아 개발이 될 것이다.

45. 염력 집중(念力集中)으로 스픈을 꺾을 수 있는 원리는 무엇인가?

이스라엘의 초능력자인 유리 게라는 손가락으로 스픈을 구부렸고, 나중에는 흐믈흐믈하게 만들어 꺾어버렸다. 또한 직경이 1센티나 되고 힘으로 구부려서는 2톤이나 필요하다는 쇠로된 볼트를 손가락으로 만지는 것만으로 구부렸다.

이것은 몇년 전에 한국과 일본에서 TV로 방영된 사실이다.

이런 현상에 대해서 그 당시 국내에서는 많은 논난이 거듭되었고, 그 원리에 대해서도 여러 가지 학설이 나왔었다.

이때 속출한 많은 학설들 가운데 몇 가지를 소개하고 끝으로 필자의 의견을 말해볼까 한다.

생체내 원자 전환설(生體內原子轉換說) ——— 렌브랑 학설

이것은 프랑스의 렌브랑 교수가 주장한 것으로서 생물의 체내에서는 원자 전환이 행해지며 새로운 다른 원자가 생긴다는 학설이다. 바다 속에 사는 게가 탈피(脫皮)를 할 경우 흐믈흐믈했던 그 몸이 두어시간쯤 뒤에는 딱딱한 껍질이 생기는 것과 같은 현상을 볼 때, 외부에서는 도저히 섭취할 수 없는 원자를 재료로 한 것을 생물이 만들어 낸다는 사실이 이 학설에 의하면 설명이 된다는 것이다.

시간 에너지 전환설 ——— 고즈이레프의 학설

소련의 고즈이레프 교수는 시간이 에너지로 변한다는 색다른 이론을

유리 게라와 애인인 아이리스의 모습

주장하고 있나. 염력(念力)에 의해 절난된 스픈을 보게 되면,

1. 질량(質量)이 줄어 있다. 시나가와 지로오(品川次郎)씨가 측정한 바에 의하면 부러지기 전에 30.073g이었던 것이 부러진 뒤에는 30.70g이 되었으며, 질량이 0.003g이 줄어들어 있다고 했다.

2. 또한 잘라진 부분이 변색이 되어 있다고 했다. 절단된 부분이 검게 되어 있으며, 금속이 노화(老化)된 것 같이 보인다고 했다.

3. 또한 스픈은 자력화(磁力化)가 되어 있다고 했다.

여기서 고즈이레프의 〈시간 이론〉에 대해서 간단히 설명해 본다.

고전 역학(古典力學)에서는 시공(時空)은 수동적인 것이라고 생각했고, 이를테면 생물학에서는 시간이 진화의 현상을 가져 온다고, 보다 적극적인 구실을 부여시키고 있는 것이다.

또한 통계 역학(統計力學)에서는 시간의 방향을 생각하는데 시간의 정지를 가정하고 있다. 그러나 현실에서는 시간은 영원히 앞으로 흘러가고 있다. 즉 '시간은 에너지를 갖고 있다'고 생각할 수 있다는 초능력 실험으로 세상을 떠들석하게 만든 구부러진 스푼은 사기인가? 아니면 진짜 초능력인가?

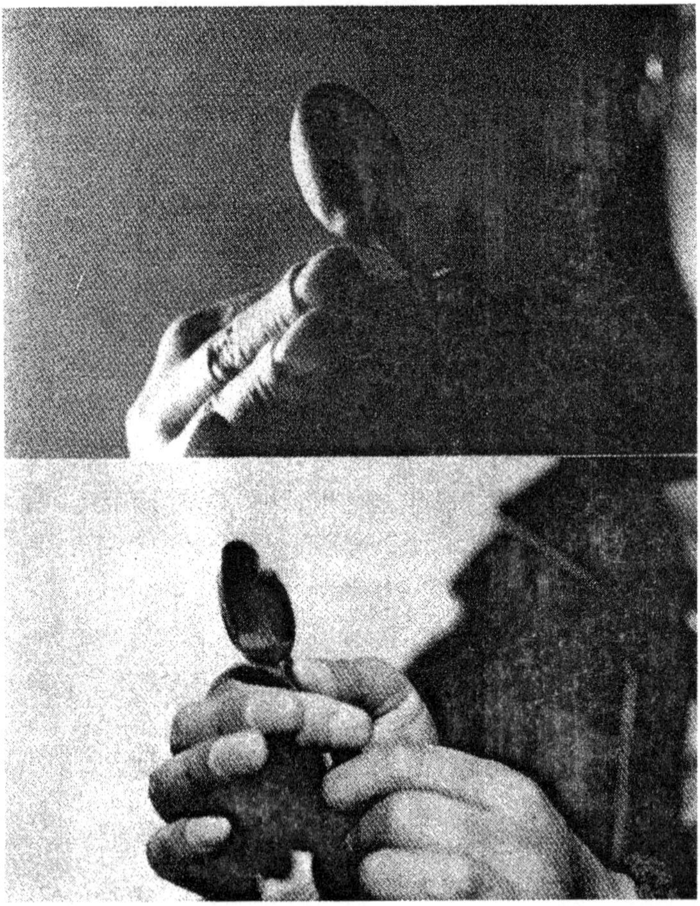

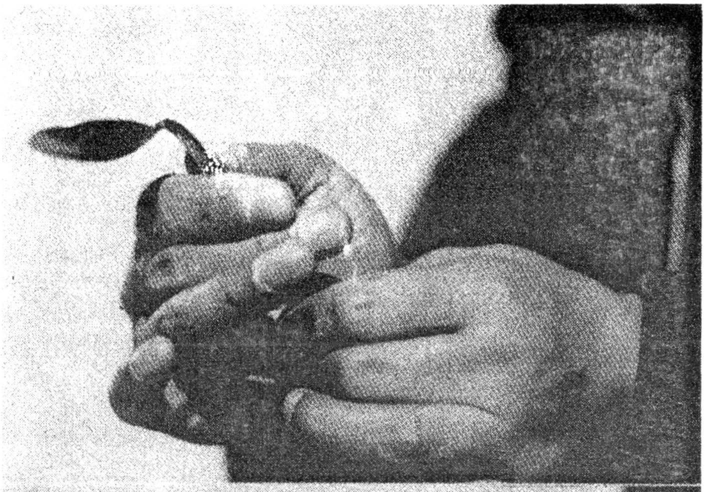

이야기이다.

여기서 고즈이레프의 이론을 빌린다면 스픈의 0.003g의 결손이 1초 동안에 일어났다고 하면 그 에너지는,

$$E = \varDelta cm^2 = 3 \times 10^{-2} \times (3 \times 10^{10})^2$$

$$= 2.7 \times 10^{18} \text{에로그}$$

$$= 2.7 \times 10^{11} \text{슐}$$

즉, 2억 7천만 킬로왓트라는 막대한 것이 되는데, 이 에너지가 어디로 갔느냐 하면 곧 시간으로 변한 것이라는 이론이다.

마지막으로 필자의 이론을 소개해 본다. 스픈을 만진 사람의 간뇌(間腦)에서 발사된 염력파(念力波)가 스픈의 입자를 서로 연결시키고 있는 힘을 간섭해서 무효로 했기 때문에 쉽게 부러진 게 아닌가 한다.

46. 영능력자란 어떤 사람을 말하는가?

영능력자란 보통 사람이 갖지 않은 특수한 영능력을 가진 사람들을 통털어서 말한다.

앞서 설명한 영언(靈言)·영청(靈聽)·자동서기(自動書記) 능력들을 예로 들수 있으며, 이런 능력은 본인이 갖고 있는 것이 아니라, 영능력자에게 빙의령 또는 보호령·배후령 등이 빌려 준 힘인 것이다.

보통 사람의 눈에는 보이지 않는 어떤 현상이 보인다는가, 이상한 목소리가 들린다든가 가보지 않은 곳의 장면이 생생하게 눈 앞에 떠오른다든가 했을 때, 그것을 통역해 주는 구실을 하는게 바로 영능력자인 것이다.

생애의 어떤 순간에 이런 영능력이 생겼다고 해서 그 능력이 반드시 일생동안 계속되는 것은 아니다.

영능력자가 돈과 여색(女色)을 지나치게 탐하게 되면 영능력을 공급해 주던 영은 떠나고 만다. 이렇게 되면 영능력자는 하루 아침에 보통 사람이 되고 마는 것이다.

47. 초능력자란 어떤 사람을 말하는가?

초능력자란 보통 사람이 갖고 있지 않은 초능력을 가진 사람을 통털어서 지칭한 말이다. 영어로는 ESPER라고 부른다. 초능력을 분류해 보면 다음과 같다.

① 밀폐된 곳에 숨겨진 물건이 무엇인지 알아내는 능력.

② 카드를 자기 마음대로 부릴 수 있는 PK능력.

③ 먼곳을 투시하는 천리안(千里眼) 능력.

④ 물건을 공중으로 떠오르게 하는 보다 강력한 PK 능력.

⑤ 한 곳에서 물체를 사라지게 한뒤 다른 곳에 나타나게 하는 테레포테이션 능력.

⑥과거와 미래에 일어난 일과 일어날 일들을 예언하는 예언 능력.

이밖에도 초능력의 종류는 많다고 보아야 할 것이다.

초능력자의 육세의 어느 부분이 특별히 발달되어서 이런 현상이 일어나는지, 영체(靈體)가 발달되어서 이런 힘이 나오는지 아직은 정확하게 규명은 되지 않았지만 간뇌의 송과체(松果體)에 그 원인이 있는 것으로 보고 있다.

48. 사람은 누구나 초능력자가 될 수 있는가?

우선 초능력의 존재를 인정하지 않는 사람, 또 초능력자가 되기를 희망하지 않는 사람들에게는 초능력은 하나의 잠꼬대에 지나지 않을 것이다.

그밖의 사람들 가운데에서도 선천적으로 지능이 부족한 사람이라든가, 난치병 · 불치병을 앓고 있는 사람들은(또 정신 신체불구자도 포함해서) 정상적인 육체도 갖고 있지 않은 상태이니까 초능력자가 되겠다는 꿈은 버리는게 좋다고 본다.

다섯, 여섯가지의 난치병을 갖고 있는 사람들이 필자를 찾아와서 초능력자가 될 수 없겠느냐는 질문을 해오는 경우가 많은데 이는 잘못된 생각이다.

초능력자가 되기를 바라기 전에 우선 정상적인 육체를 되찾는 것부터 노력해야 할 것이기 때문이다.

지금까지 알려진 바에 의하면 불가(佛家)에서는 오랜 참선에 의해 초능력자가 될 수 있다고 했고, 또 요가의 특수한 수행법에 의해서도 초능력자가 될 수 있다고 했다.

그러나 이런 수행법은 오랜 시간을 요하는 것이고, 현실적으로 바쁜 나날을 보내는 현대인들에게는 인연이 멀다.

단전 호흡법으로 초능력자가 될수도 있다고 했으나, 단전 호흡법은 좋은 스승을 만나지 않고 혼자서 하다가는 지박령(地博靈)이나 악령(惡靈)들에게 빙의당하기 쉬운, 큰 위험이 따른다고 생각된다.

단전호흡법을 잘못해서 정신이상이 된 사람들, 환청과 환각때문에 몹시 괴로움을 받게 된 사람들을 그동안 체질개선을 통하여 치유시켜 준 경험이 있기 때문이다.

그중 한사람인 필자의 경기고교 동문이었던 사람은 끝내 단전호흡을 잘못해서 들어온 악령을 제령시키지 못해 자살까지 한 예가 있다.

지금은 옛날과 달라서 지박령들이 도처에서 우글거리는 세태인데 함부로 단전을 열고 단련을 하면 지박령이나 망령들이 빙의되기가 쉬운 것이다.

단전호흡을 잘못해서 빙의된 경우는 제령(除靈)이 매우 힘들다는 것을 밝혀두고 싶다.

진정한 초능력자는 항상 옳게 생각하고, 옳게 말하고, 옳게 행동하는 사람이며, 이는 누구나 노력 여하에 따라서 가능한 것이다.

49. 보통 사람을 초능력자로 만드는 비결은?

'내 성전(聖殿)을 헐었다가 사흘만에 다시 세우리라.'

십자가에 못박혀 돌아가시기 전에 그리스도께서 하신 말씀이다. 이 말씀을 듣고 이스라엘 사람들은 모두 그리스도를 비웃었다.

예루살렘의 성전(聖殿)을 어찌 그리스도 혼자의 힘으로 허물수 있으며, 더구나 사흘만에 다시 세우겠다니 있을 법한 일이 아니지 않느냐는 것이었다.

그러나 그리스도께서 말씀하신 뜻은 날랐다. 성전이란 우리의 신성한 영혼인 에너지 생명체가 깃들인 우리의 육체를 뜻함이었고, 이 말씀은 당신의 부활을 예언하신 것이었다.

우리의 육체는 과연 성전일 수 있을까? 필자는 그렇다고 생각한다. 우리는 무엇을 먹고 사느냐 하는 가장 단순한 질문에서부터 이야기를 시작해 보기로 하자.

우리가 먹는 음식은 따지고 보면 땅 속에 들어 있는 여러 가지 원소가 그 형태를 바꾼 것에다가 태양 에너지가 포함된 것이라고 할 수가 있다.

입 안에서 분비되는 타액과 위에서 나오는 소화액, 그밖에 간장에서 나오는 분비물들이 섞여서 소장에 이르면 음식 속에 내포된 에너지가 하나의 기체(氣體) 형태로 분리되어 나온다.

소장 벽에서는 이 에너지를 흡수해서 간장으로 보내고 나머지 찌거기는 대장으로 보낸다. 간으로 보내진 순수한 에너지는 간이 지니고 있는 미지의 작용에 의해 여러 가지 형태의 영양소로 바뀌어서 신체 각 기관에 보내지고 일부는 에너지가 자체의 순수한 형태로 뇌로 보내진다.

한편, 대장으로 내려 온 찌거기에서는 수분을 흡수하고 나머지는 몸밖으로 배설된다.

이 과정을 살펴보면 인간이 필요로 하는 것은 음식 속에 들어 있는 에너지로서 음식물을 구성하는 물질 자체가 아님을 알 수가 있다.

결국 우리의 육체란 음식 속에 들어있는 에너지를 분리, 흡수하는 화학공장으로서 이를테면 일종의 광석들을 제련하는 용광로와 비슷한 것이다.

여기에서도 인간의 육체는 하나의 도구일 뿐 인간의 본질은 아니다.

또한 인간의 본질이 '전자파 에너지 생명체'인 영혼이라는 필자의 학설이 한낱 잠꼬대가 아님을 알 수 있을 것이다. 그러나 사람들이란 이미 존재하는 것은 그것이 아무리 이상스러운 것이라고 해도 의문을 느끼지 않게 마련이다.

인간이 어떻게 살아가고 있느냐에 대해서 아무런 의문을 느끼지 않는다면 영원히 인간이 지니고 있는 육체와 정신(곧 영혼이라고 해도 좋다.)의 비밀은 알 수가 없게 될 것이다.

한편 우리는 우리 주위에 있는 손에 잡히는 것은 무엇이나 다 물질로 생각하지만 사실 엄격한 뜻에서 물질이란 존재하지 않는다는 게 필자의 생각이다.

물질을 세분해 들어가면 나중에는 소립자(素粒者)가 된다. 그런데 이 소립자는 이미 우리가 알고 있는 물질과는 그 개념이 전혀 다른 존재인 것이다.

우리 눈에 보이고 잡히는 온갖 물질은 따지고 보면 우주 에너지가 일정한 모양으로 응집한 것에 지나지 않는다. 여기에 불가(佛家)에서 말하는 '색시공(色是空)'이라는 말이 진리임을 알 수가 있다.

눈에 보이는 것은 모두 그 형태가 변하게 마련이다. 물질이 분명히 존재한다면 그것은 변할 수도 없고, 또 없어질 까닭도 없다. 그러나 물질이란 본래부터 우주 에너지가 형태를 바꾼 것이기 때문에 세월이 흐르면 본래의 모습인 에너지로 돌아가게 마련이다.

태양열 에너지가 그 형태를 바꾼 음식이 우리 체내에 들어가 다시 에너지로 환원이 되고, 이 에너지가 우리의 목숨을 유지시켜 주는데 만일 우리가 불순물이 섞이지 않은 순수한 에너지(도가에서는 우주는 기(氣)로써 이루어져 있다고 했다. 이 기는 우주 에너지를 뜻한다)를 보급받고 음식을 섭취하는 분량을 줄인다면 우리는 훨씬 건강해질 것이다.

알몸이 되어서 하는 '하나 요가'의 호흡법과 제소는 바로 피부로 이 기(氣)를 빨아들이고 정신적으로는 자기가 완전한 존재임을 암시해 주는 특이한 운동이다.

아침마다 5분 동안 요가의 호흡법을 실시하면 아침 식사가 덜 먹힌다. 다른 운동은 운동을 하면 에너지가 소모되기 때문에 밥이 더 먹히지만 요가의 아사나 운동은 기(氣)로써 에너지를 보충해 주기 때문에 밥이 덜 먹힐 뿐더러 피부를 통해 충분히 빨아들이는 여분의 산소가 음식이 에너지로 변하는 과정에서 완전 연소 작용을 해주기 때문에 오랫동안 운동을 계속하면 몸에서 노폐물이 빨리 배설되어 건강해지고 젊어진다.

현대인은 잘 걷지 않기 때문에 여러 가지 질병이 생긴다. 이것 역시 옳은 이야기이다.

우리의 하반신은 일종의 발전기 구실을 한다. 우리는 누구나 걷고 있지만 올바른 보행법을 알고 있는 사람은 거의 없다.

올바르게 걷는다는 것은 하체에서 제대로 인체 전기(人體電氣)를 발전할 수 있도록 걷는다는 뜻이다.

인체에서 발전을 하면 그 에너지는 인체 세포라는 수없이 많은 작은 밧테리와 무라다라 · 챠쿠라 (척추 맨 끝에 있는 챠쿠라)에 충전이 되는 한편, 뇌세포의 신진대사를 왕성하게 해주므로서 뇌의 기능 발달을 촉진시켜 준다.

영국의 귀족 집안에서 어려서 학교에 보내지 않고, 집에서 가정교사를 두고 가르치는 과목 가운데 이 보행법이 중요한 부분을 차지하고 있는 것은 바로 이런데 이유가 있는 것이다.

엘리트를 만드는 교육 가운데 올바른 보행법을 익히는 것은 빠뜨릴수 없는 과목이기 때문이다.

자동차가 저속으로 달리면 밧테리의 전기를 소모하지만 고속으로 달리면 반대로 충전이 된다. 사람의 몸도 이와 마찬가지라고 생각하면 틀림없다.

올바른 보행법을 익혀서 빨리 걸으면 발전 현상(發電現象)이 일어나 오히려 피곤이 풀린다. 알피니스트들은 이같은 원리를 누구나 체험적으로 잘 알고 있다. 우리는 두 다리에 필요 이상의 힘을 주어서 걸어서는 안된다. 두 다리에는 되도록 힘을 빼고 단전(丹田)에 몸의 중심이 걸리도록 허리로 걸어야 한다.

다리에 힘을 빼고 허리에 힘을 주어서 걸으면 몸이 가볍게 앞으로 나간다. 여기에다가 호흡법을 병행하면 더욱 효과가 있게 마련이다. 숨을 마음껏 들여 마시고 다음에는 하나에서 일곱을 헤는 동안 숨을 멎게 하고 이어서 같은 시간 숨을 내쉰다.

이렇게 하면 자연히 호흡이 길어진다. 폐로 들어오는 공기의 분량이 많아지는 것이다.

가장 바람직한 것은 1분 동안에 4, 5번 정도로 숨쉬는 시간을 길게

잡는 것이 평소의 생활이 되면 더욱 좋다.

비가 올때 이런 모양으로 걸으면 물은 옆으로 튀고, 구두 뒷축은 똑같이 닳게 된다.

모든 자연의 동물들은 직선으로 걷는다. 사람도 짐승들의 보행법을 본받아서 직선으로 걷게 되면 척추뼈가 올바른 형태가 된다.

올바른 호흡법과 보행법으로 인체에서 스스로 발전하는 법을 터득하여 잠들었던 구피질의 미지(未知)의 부분에 속하는 세포가 활동을 하기 시작하게 되면 여러가지 신비스러운 능력이 생겨 난다.

거듭 말하지만 송과체가 완전히 작용을 하게 되면 텔레파시 능력이 생겨나서 남의 마음을 읽을 수 있고, 불가(佛家)에서 말하는 숙명통(宿命通)의 신통력도 얻을 수 있다.

고대인들도 육체가 사명을 끝마치면 영혼이 육체를 떠나 하늘로 올라간다고 믿었다.

50. 제3의 눈과 초능력(超能力)과의 관계는 무엇인가?

사람은 누구나 두 개의 눈을 갖고 있다. 그러나 엄밀히 따지고 보면 두 눈은 렌즈 작용을 할뿐, 보는 것은 시각신경(視覺神經)이다. 그러기에 시신경(視神經)을 다치게 되면 눈 뜬 장님이 된다.

여기까지는 누구나 다 아는 이야기거니와 불교의 한 파에 속하는 밀교에서는 사람에게는 제3의 눈이 있다는 이야기를 한다. 눈과 눈 사이인 미간에 있다는 영안(靈眼)이라고도 한다. 그리하여 제3의 눈이 완전히 떠진 사람은 과거와 미래를 볼 수 있다고 했다.

대낮에 햇빛이 밝을 때 하늘을 우러러 보면 파아란 하늘이 보일 뿐, 별빛은 볼 수가 없다. 이와 마찬가지로 우리가 평소에 두 눈을 뜨고 볼 때, 우리는 우리 눈으로 보이는 세계만 보게 되고, 그 육안으로 보이는 세계만이 전부인 것으로 착각하기가 쉽다.

그러나 두 눈을 감고 제3의 눈으로 보게 되면 현실인 물질세계 뒤에 가려진 또 하나의 세계를 볼 수 있다고 하면 아마도 사람들은 웃으리라.

'제3의 눈'이 있는지 조차도 알 수 없는데 무슨 미친 수작이냐고 하기가 쉬울 것이다.

필자가 우리 모두에게 제3의 눈이 있다는 사실을 누구나 확인할 수가 있고, 또 그 눈을 뜨게 하는 방법을 최근에 발견했다면 역시 독자 여러분들은 웃을 것이다. 그러나 참고 필자의 이야기를 들어주기 바란다.

아침에 일찍 일어나 떠오르는 태양을 향해 손바닥을 펴서 가리고 그 손등에서 10센티 가량 떨어진 곳에서 두 눈을 감고 보라.

감은 두 눈썹 사이에 태양이 보인다. 그러나 그 태양의 빛은 보통 육안으로 볼 때와는 아주 다르다. 또한 태양은 하나도 아니고 여러 개로 보인다. 또 움직인다.

태양을 손등 너머로 두 눈을 감고 보는 시간은 처음 한달 동안은 길어도 7초를 넘어서는 안된다. 태양에서 방사되는 방사선 에너지를 처음부터 많이 쏘이는 것은 위험한 일이기 때문이다.

손바닥 한가운데를 통해 경락을 거쳐서 뇌의 구피질에 작용하는 태양 에너지는 송과체 안에 있다고 생각되는 뇌사(腦砂)에 특수한 영향을 주어서 불교에서 말하는 사리(舍利)가 형성되는게 아닌가 필자는 생각한다.

이 사리가 형성되면 우주에서 오는 여러 가지 파장의 우주선을 흡수하여 뇌의 구피질에 급격한 변화를 가져 오게 하여, 어제까지의 평범하던 인간은 새로운 인종(人種)인 초인(超人)으로서의 변모가 이루어지는 것이다.

사리는 일종의 검파기(檢波器)와 같은 구실을 하기 때문에 여러 가지 테레파시 능력도 생겨날 수 있다고 본다. 또한 그뿐만 아니다. 구피질(舊皮質)의 기능이 완전히 발달하면 몸의 신경 조직이 강화되어서 혈액 순환이 좋아지고, 체내에 축적되었던 노폐물이 빨리 몸밖으로 배출된다. 따라서 신진대사가 왕성해지므로서 그때까지 앓던 사람은 신체의 자연 치유력이 크게 발동하여 건강을 되찾게 되는 것이다.

여기서 우리 인체(人體)가 운영되는 과정을 다시 한번 간단하게 정리해 본다.

인간의 마음이 건전하여 자연 질서에 순응한 생활을 하면 구피질에 대하여 대뇌(신피질(新皮質)는 쓸데없는 간섭을 하지 않는다. 따라서 몸의 모든 기관은 구피질의 명령대로 움직이게 마련이니까 자연의 섭리를 지키는 게 되어, 몸과 마음이 아울러 건강하다. 그러나 인간은 다른 동물과 달라서 대뇌가 발달되었고, 많은 종류의 욕망의 노예가 되기 쉽기 때문에 구피질의 기능은 항상 대뇌로부터의 간섭을 받게 마련이다.

그러니까 인간에게 여러 가지 병이 발생하는 것과 능력의 저하(低下)를 가져 오는 것은 모두가 마음에 그 원인이 있다고 할 수가 있다. 그러나 특수한 방법으로 구피질의 기능을 완전에 가깝도록 개발시키면 반대로 건전해진 몸의 기능에 의해 마음이 영향을 받게도 될 수 있는 것이다.

여기서 다시 태양을 보는 이야기로 화제를 돌리겠다.

차차 훈련이 되어서 제3의 눈의 시력이 좋아지면 손을 필터로 쓰지 않고 그냥 두눈을 감고 보아도 진한 연두빛으로 또는 진초록색으로 빛나는 태양이 보이게 된다.

우리의 육안으로 보는 태양은 우리의 육체의 부분에 해당되는 태양이고, 두 눈을 감고 보는 태양은, 다시 말해서 마음의 눈인 '제3의 눈'으로 보는 태양은 사람으로 말하면 유체(幽體) 또는 영체(靈體)에 해당되는 태양의 참모습이 아닌가 생각된다.

또한 얼마동안 계속해서 두 눈을 감고 보고 있으면 진초록으로 빛나는 태양은 회전을 하면서 점차 작아지다가 나중에는 안보이게 된다.

이것은 무슨 까닭일까? 필자는 이에 대해 여러 가지로 연구한 끝에 한가지 결론을 내릴 수가 있었다.

그것은 뇌의 송과체에 충전이 끝나면 '제3의 눈'이 닫혀져서 태양에서 오는 에너지를 거부하게 되기 때문이다.

또한 몸이 지나칠 정도로 건강한 사람은 아무리 두 눈을 감고 태양을 보아도 아무 것도 안보이는 경우가 있다. 이것은 이미 구피질에 충분히 충전이 되어 있기 때문이다.

태양에서 오는 에너지를 손바닥의 심포경(心包經)을 통해서 뇌의 구피질에 충전을 하고 나면 몸이 가벼워지고 힘이 넘쳐 흐르는 것을 느낄 수가 있다. 그렇다고 해서 에너지를 체내에 받아들이기만 하고 소모하지 않는다면 오히려 피곤을 느끼게 되고 간장을 상하게 할 염려가 있다.

사람의 몸이란 항상 음양(陰陽)의 기운이 4 : 5로 균형이 잡혀 있어야지 힘을 너무 지나치게 많이 축적하기만 하고 사용하지 않으면 오히려 건강에 해롭다는 것을 알아야 한다.

손바닥을 아래로 향하게 하고 힘을 주며서 옴진동을 일으키면 들어왔넌 에너지는 다시 빠져나가게 마련이다.

이런 훈련을 오래 계속하면 두 눈을 똑바로 뜨고도 하늘에 떠 있는 태양을 볼 수 있게 된다.

(훈련이 되어 있지 않은 사람이 적절한 지도를 받음이 없이, 함부로 태양 에너지를 흡수하려고 두 눈을 뜨고 태양을 보면 각막염을 일으키게 될 뿐만 아니라 자칫 잘못하면 아주 눈이 멀게 될 가능성도 있으니 각별히 조심해 주기 바란다. —— 필자)

순서를 밟아서 잘 훈련이 된 사람은 두 눈을 뜨고도 태양의 원반 모양을 직시할 수 있게 된다.

마음의 눈인 '제3의 눈'이 열리고 그 힘이 강화되면 우리의 두 눈의 시력도 강화되고 눈에서는 빛이 나게 된다.

심한 근시로 썩은 생선 눈알 같은 인상을 주는 이는 너무 눈 앞의 일만 보고 사실을 직시하지 못하고, 먼 앞날을 내다보지 못하는 경향이 있는데 이런 성격상의 결함을 시정하는 데도 좋은 방법이 아닌가 한다.

육안(肉眼)과 영안(靈眼)은 서로 밀접한 관계가 있기 때문에 마음의 눈이 열리고 강화되면 육안도 좋아질 것은 너무나 당연한 일이다.

요가 철학에서는 인체 내에는 7군데 챠쿠라가 있고, 척추 밑에서 잠자고 있는 군다리니의 영화(靈火)를 깨워서 7개의 챠쿠라에 차례로 불을 붙이면서 올라가면 초인(超人)이 된다고 했다. 그러나 필자가 알기에는 두 손의 장심(掌心)도 중요한 챠쿠라라고 생각되며, 이 두개의 챠쿠라를 개발하면, 불가시(不可視)의 태양 에너지를 장심(掌心)을 통해 빨아들여서 뇌의 구피질 부분의 퇴화된 곳을 다시 개발할 수 있다고 믿는다.

왜냐하면 필자 자신이 얼마전 까지만 해도 못했던 여러 가지 초능력을 개발하여 매일같이 필자를 찾아오는 수많은 사람들에게 큰 도움을 주고 있을 뿐더러 필자의 지도를 받아서 초능력자가 된 사람들도 많다.

옛날 도인(道人)들은 엄격한 금욕생활을 통해 저장한 생명력(쉽게 말해서 생식능력에 쓰여지는 에너지)을 이용하여 뇌의 기능을 개발했고, 그것이 오늘날 요가와 밀교의 형태로 전해 내려오는데 이것은 보통 사람으로서는 큰 희생이 요구되는 일이므로 거의 불가능에 가깝다.

더구나 그런 방법은, 오랜 시일의 훈련이 필요할 뿐만 아니라 요즘의 우리 생활에서는 거의 불가능에 가까운 고행을 통해서만 이루어지는 것이기 때문에 일반성은 없는 것이다.

하지만 필자가 발견한 태양광선(하늘에 걸려 있는 거대한 원자력발전소)을 이용하여 100일에 걸쳐서 '제3의 눈'을 완전히 작용하게 하면 위에서부터 아래로 내려가면서 챠쿠라를 눈뜨게 할 수가 있다.

(요가나 밀교의 가르침에 의하면 챠쿠라는 군다리니에서 부터 시작하여 군다리니의 영화(靈火)가 척추 위로 올라가면서 차례로 챠쿠라의 기능을 나타내게 하는 것으로 되어 있는데 필자가 연구한 방법은 그 반대가 되는 셈이다.)

한편 사람의 두 손바닥 한 가운데 있는 장심으로 태양 에너지를 흡수하면서 입으로는 '옴'진동을 일으키면서 온 몸의 기운을 경락을 통하여 순환시키는 특수한 기순환(氣循環) 체조(운동)를 매일 하게 되면, 채내의 노폐물이 이때 일어나는 전자파 진동(電磁波振動)에 의해 연소 기화(氣化)하여 손바닥과 발바닥으로 빠져 나갈 수 있는 특수한 체질로 변한다.

이렇게 체질이 변화하는 과정에서 일어나는 현상은 다음과 같다.

심하게 갈증이 나서 물을 많이 마시게 된다. 가스가 항문으로 많이 나오고 대변이 검은 빛을 띄우게 되며, 그 냄새가 고약하다. (이것은 숙변(宿便)이 전부 나온다는 사실을 뜻한다고 본다) 또한 체질개선이 거의 완성이 되면 항문에서 나오는 가스도 또 대변에서도 거의 냄새가 나지 않는다.

배가 고프지 않아 밥이 안먹히고 체중의 급격한 감소가 따른다. 또한 일을 많이 해도 별로 피곤한 것을 모르게 된다. 성욕이 거의 없어지다시피 하고 마음이 편안하다. 그러나 정력은 좋아진다.

부부가 잠자리를 같이 한 뒤에도 피곤함을 모르게 된다. 한편 손바닥에서 만수향 태울 때와 같은 이상한 향내가 난다. (특히 아침에 눈떴을 때 더 그러하다.)

이 향내는 몸의 피하지방산(皮下脂肪酸)이 연소하는 과정에서 생기는 냄새가 아닌가 싶다. 이 냄새를 좀더 짙게 하면 화장터의 시체 태우는 냄새가 된다.

또한 이런 과정을 통해 우리의 유체(幽體)가 발달된다.

우리의 육체가 물질체인 반면, 유체는 일종의 에너지체라고 할 수가 있는만큼, 물질을 섭취하는데 힘을 쓰지 않고, 순수한 에너지를 흡수하는데 더 많은 비중을 두면 곧 유체가 발달될 것은 너무나 당연한 일이다.

옛날의 신선도에서는 일체의 익힌 음식을 섭취하지 않고 생식으로부터 시작해서 나중에는 우주에 충만되어 있는 기(氣)만 갖고 몸을 지탱하게 되면, 살아있는 동안에 점차로 육체조직이 희박해지고 에너지체인 유체(幽體) 자체가 보통사람의 육체와 같이 변한다고 했다.

필자는 처음에는 이런 이야기를 도대체 무슨 뜻인지 조차도 이해하지 못했지만 지금은 타당한 생각이라고 본다.

결국 살아있는 동안에 죽은 뒤에 누구나 갖게 되는 유체(幽體) 자체를 농밀한 육체와 같은 형태로 바꾸어 버린 선인(仙人)은 미리 죽어버린 것이나 다름 없다고도 할수 있고, 따라서 살았으되 죽은 것과 같으며, 죽었으되 살아있는 것과 같은 상태로 정착을 해버리는 것이다.

우리네 육체를 가진 3차원적인 존재로부터 4차원적인 에너지체를 가진 유체 인간(幽體人間)으로 진화된 것이라고 생각하면 된다.

51. 에드가 · 케이시의 예언에 의하면 지구에 대변동이 생긴다고 했는데……

에드가 · 케이시는 흔히 '잠자는 예언자'로 통하는 20세기 최대의 예언자중 한 사람이다.

그는 난치병 환자의 앞에서 깊은 잠을 자면서 진단을 했고, 병의 원인과 약 처방을 내리곤 했으며 잠에서 깨어나면 자기가 조금 전에 한 이야기를 전혀 기억하지 못했다.

그는 어디까지나 예언자였고 자기가 직접 난치병을 치료해 주는 영능력자는 아니었다. 그는 또한 사람에게는 누구나 선생이 있음을 밝혀냈고, 그 전생에 한 일들이 오늘의 결과를 가져 온다고 했다.

이런 에드가 · 케이시가 지구의 미래에 대해서 예언한 사실들은 다음과 같다.

남태평양—— 변동이 일어나기 전에 남해(南海)의 해면(海面)이 오르내리게 뚜렷해진다. 이 해저 아래의 지진대(地震帶)는 지중해와 연결이 되어 있기 때문에, 그런 경우에는 지중해, 특히 시시리섬의 에토나 지방에 변동의 예고라고 할 수 있는 지진이 발생한다.

대서양—— 해면, 특히 아트란티스 대륙이 존재했었다고 생각되는 수면에 육지가 나타난다. 그때에는 아트란티스 대륙에 존재했던 포세이디아가 먼저 모습을 나타낸다. 그러나 그것은 그다지 먼 미래의 일은 아니다.

태평양—— 많은 땅이 여러 곳에 나타난다 (일찌기 바다 밑에 가라앉았던 레므리아 대륙의 일부가 아닌가 생각된다). 동시에 일본열도(日本

列島)의 대부분은 바다 밑으로 사라진다.

구라파 —— 눈 깜짝할 사이에 전날의 제2차 세계대전의 싸움터는 넓은 바다로 변한다. 그곳에 보여지는 것은 바다의 통행자인 배뿐이다.

미국 —— 전 국토에 걸쳐서 큰 변화가 온다고 했다. 뉴욕시 같은 곳은 전부 바다 밑으로 가라앉는다.

남북 양극지방(兩極地方) —— 두군데 다같이 해저와 땅이 솟아오른다. 이런 땅의 융기는 화산의 폭발을 유도하여 극지(極地)가 이동하게 된다고 했다. 그린랜드의 북부까지도 바다 물에 덮히게 된다고 했다. 그리고 카리브 바다에는 여러 군데 메마른 많은 땅이 새로 솟아오른다는 것이다.

이상이 작고한 '잠자는 예언자' 에드가 · 케이시의 앞으로 있을 대변동에 대한 예언이다.

필자는 이렇게 생각한다.

그러한 변동은 반드시 있을 것이라고, 그러나 인간들의 마음 먹기에 따라서는 예언한 것보다는 덜 심한 상태로 나타날 수도 있다는 것이다.

40억명이 넘는 인류의 염력(念力)은 절대로 무시할 수 없는 것이기 때문이다. 또한 여기서 필자가 어느날 본 백일몽(白日夢)을 하나 소개해 본다.

체질개선이 된 초인(超人)들을 우주 어느 곳에선가 나타난 비행접시의 대군이 구조해 주는 환상이었다.

완전히 초인이 된 사람들은 기계적인 방법에 의해 테레포테이션이 가능할 뿐만 아니라, 또한 같은 비례로 몸을 어느 기간동안 축소시킬 수가 있다는 것이었다.

인간을 만일 바이러스 크기에 가깝게 축소시킬 수 있다면 지구의 대변동이 와도 끄떡 없다는 생각이 든다.

40억이라고 해야 별로 장소를 많이 차지하지는 않을 것이기 때문이다. 기설한 상태에서 선송(電送)되었넌 인간들이 나시 정신을 차렸을 때는 이 지구는 새로운 모습을 하고 맞게 되리라는 생각이다.

허나 이것은 어디까지나 하나의 환상일 뿐이다.

52. 우리의 지구도 하나의 거대한 생명체인가?

이것은 거시적(巨視的)인 안목으로 보면 지극히 자연스럽게 받아들일수 있는 생각이다. 하필 지구 뿐이랴?

불타고 있는 태양도, 밤하늘에 수없이 빛나는 별들도 시간의 기준이 다를뿐, 어느 때인가 아득한 옛날에 탄생을 했고, 자라고, 성년(成年)이 되고, 또한 노년(老年)과 죽음을 맞이 하는게 아닌가?

우리의 태양은 지금 중년에 접어든 별이라고 한다. 별들의 죽음도 또한 다양하다. 적색 거성(赤色巨星)이 되었다가 노바현상을 일으켜 끝내는 별도 있는가 하면 그대로 백색외성(白色倭星)으로 변해서 조용히 일생을 마치는 별도 있다.

사람도 마찬가지다.

고혈압으로 어느날 갑자기 유언 한마디 없이 죽는 사람이 있는가 하면 80~90까지 살다가 노쇠해서 자연사(自然死)를 맞는 사람도 있다.

식물이나 동물과 같은 형태만을 생명체라고 생각해서는 안된다. 우선 멀리 찾아볼 것도 없다. 우리의 영혼도 눈에 보이지 않는 일종의 에너지 생명체가 아닌가?

지구의 뼈는 바위요, 피는 뜨거운 용암, 내분비액은 원유, 살은 흙, 머리털은 식물들, 어머니인 태양의 주위를 돌면서 끝없이 우주를 여행하는 거대한 우주 생명체 일 수도 있는 것이 아니겠는가?

생각하기에 따라서는 인간의 인체내에서 살고 있는 각종 세균과 같은 존재에 지나지 않는다. 인체내에는 많은 세균이 살고 있지만, 몸 자체에 큰 해를 미치지 않는 한 사람은 그들을 방치해 둔다.

그러나 병균이 번성해서 인간 자체의 생명이 위험하게 되면 우리는 가만히 있을 수는 없다. 이와 마찬가지로 인간들이 지구를 너무 못살게 굴고 괴롭힐 때 지구는 몸부림 칠 수가 있다.

바다와 육지에 대변동이 일어나면 문명이 발달되었다는 인간도 속절없이 멸망할 수 밖에 없다. 우리는 지구도 하나의 거대한 생명체요, 우리는 그 품안에 살고 있는 보잘것 없는 존재라는 사실을 깨닫고 좀더 겸손하게 살 필요가 있다고 생각한다.

53. 초능력과 앞으로의 미래사회는 어떤 관계인가?

여러 가지 공해라든가 자원면을 볼때, 우리 인류의 미래는 매우 어둡다. 또한 대다수의 인간들이 선량하지 못한 것도 사실이다. 그러나 아주 선량한 사람들도 전혀 없는 것은 아니라고 본다. '소돔과 고모라'에 만일 열 사람의 의로운 사람이 있다면 여호와께서는 그들을 멸하지 않았을 것이다. 그것은 오늘의 현실에도 그대로 적용된다고 필자는 확신한다.

인간은 육체를 가진 단계에서 완전히 진화된 것은 아니다. 인간은 미완성의 육체와 유체(幽體)를 갖고 있는 존재에 지나지 않지만, 이를 발달시켜서 완성체로 만드는 방법은 분명히 있는 것이다.

이 대우주를 지배하는 인과율(因果律)과 공존공생(共存共生)의 법칙, 우주의 모든 생명들을 살려주고 있는 사랑의 법칙을 만일 인간이 전부는 아니더라도 십분의 일의 인간만이라도 깨닫는다면 우리는 이 땅 위에 한번은 낙원을 이룰수 있다.

땅 위에서 낙원을 이루지 못한 자가 어찌 죽어서 낙원에 가겠는가? 낙원에 살아 본 일이 없는 사람들이 염(念)의 세계인 유계(幽界)에서 어찌 낙원을 찾을 수 있겠는가?

그 많은 선각자(先覺者)와 성인(聖人)들이 태어나 애쓴 보람은 어디서 찾아야 하겠는가? 인간의 마음이 변하면 육체도 변한다.

한편 육체가 변하면 마음도 변하게 마련이다. 앞서의 방법은 과거 수천년에 걸쳐서 많은 종교들이 써온 방법이다. 그러나 어느 정도

성과를 거두었는지, 그것은 오늘의 현실을 보면 알 수 있는 일이다.

병든 인간들은 살고저 발버둥친다. 그들의 육체를 바로 잡아주고 완성시켜 주면 어제의 악인은 오늘의 선인(善人)이 되게 마련이다.

우리 인류가 전부는 아니더라도 일부라도 초능력을 얻지 못한다면 우리는 그대로 이 땅 위에서 자취를 감출 수 밖에 없다고 본다. 하늘의 뜻을 다하려면 우리는 살아 남아야 하고, 또 영육(靈肉)의 완성단계로 들어가지 않으면 안된다.

제 4 장

옴 진동수의 원리

54. 옴 진동(振動)이란 무엇을 뜻하는가?

요가의 경전(經典)을 보면 창조주이신 하나님께서 천지를 만드시어 이 우주를 창조하실 때, 맨 먼저 내신 음성이 다름아닌 '옴 진동'이라고 한다.

그래서 '옴'은 하나님의 거룩하신 이름이라는 설도 있고, 또한 지구가 자전(自轉)하면서 내는 우리 귀에는 전혀 들리지 않는 소리도 또한 '옴'진동이며, 온갖 물질은 기본적으로는 진동하는 입자로 구성되어 있는데 그 중심이 되는 것은 '옴 진동'이라고 하는 학설도 있다.

또한 '옴'은 기독교에서는 '아아멘', 회교에서는 '아아민'으로 변했다는 설도 있다.

갓난애가 이 세상에 태어나서 맨 먼저 말을 배울때 처음으로 입밖에 내는 말도 옴이 변형된 '엄마'이며, 한국에서는 이것은 어머니라는 뜻이다.

서양의 고대유적 가운데 아트란티스 문명, 무우 대륙의 문명의 유적에서도 '옴'의 표시는 수없이 발견되었지만, 그 말이 나타내는 참된 뜻이 무엇인지는 오늘날까지 완전히 풀리지는 않았다.

또한 불교의 경전을 보면 '옴'은 진언(眞言) 가운데에서도 으뜸가는 진언이라고 말해지고 있으며, '옴'진언이 수없이 나오고 있는 것이다.

'옴'의 참뜻이 무엇인가를 올바르게 깨달아서, 정확한 진동음을 물에 쪼이면 보통 물이 그 순간부터 생명자기(生命磁氣)를 띄운 생명수(生命水)로 변하며, 그 옴 진동수를 일정한 기간동안 일정한 분량을 마시게 되면 거의 모든 질병에서 해방될 뿐만 아니라 깨달은 사람이 될 수 있다는 기록을 요가의 경전에서 발견한 필자는 지난 7년 동안 여러 가지로 실험한 결과 경전에 쓰여진 말씀이 하나도 거짓이 아님을 확신하기에 이르렀다.

이 물질우주의 기본원소는 수소이며, 또한 온갖 지구 위에 살고 있는 생명체는 물이 그 체액의 기본을 이루고 있으며, 물 없이는 잠시도 살아갈 수 없는 것이다.

그렇다면 몸 안의 수분이 항상 생명수로서 충만되어 있다고 한다면 그 결과가 어떻게 될 것인가는 자명한 이치가 아니겠는가?

여기서 조금 다른 각도에서 이 문제를 생각해 보고저 한다.

온갖 물질은 원자로부터 구성되어 있으며, 또한 그 원자는 원자핵과 원자핵 안에 있는 양자(陽子), 핵 밖을 돌고 있는 전자(電子)(이 밖에 중성자도 있지만 여기서는 약한다)에 의하여 구성되어 있으며, 원칙적으로는 양자와 전자의 주효는 같다고 말해지고 있다.

그런데 양자는 플러스 전기를 띄우고 있고, 전자는 마이너스 전기를 띄우고 있는데 양자의 수효는 언제나 변화가 없지만 전자는 경우에 따라서는 그 수효가 느는 경우도 있는가 하면 줄어드는 경우도 있다.

원자핵 밖을 돌고 있는 전자의 수효가 늘면, 그 물질은 음전기(陰電氣)를 띄우게 되고, 전자의 수효가 원자핵 속에 있는 양자보다 적게 되면, 그 물질은 양전기(陽電氣)를 띄우게 된다.

한편 온갖 에너지 활동은 음전기를 띄운 전자(電子)가 소멸하는 과정에서 얻어지는 것이며, 건강한 사람의 체액(體液)이 약한 알카리성을 띄우고 있을 때는 음전기가 많은 체액을 갖고 있는 것이며,

반대로 몸안에 유독개스 (음전자가 적은 원자로서 구성된 입자)가 충만되어 체액이 오염되어져서 이른바 산성 체질이 되어 있을 때는 음전자가 적은 원자에 의하여 몸이 구성되어 있는 상태인 것이다.

그렇다면 '옴 진동'을 쪼인 물은 어떻게 변하게 되는 것일까?

한국국립보건연구원에서 '옴 진동수'의 성분조사를 한 바에 의하면 PH 7.4(이것은 약 알카리성을 띄운 물이라는 뜻이다)이며, 또한 대장균이 한 마리도 없다는게 증명이 되었다.

필자에게는 이때 발급된 수질증명서(水質證明書)가 보관되어 있다.

55. 진동수란 어떤 물이며 어떤 작용을 하는가?

첫째 '옴 진동'을 쪼인 물은 여늬 물보다 차겁고 0도에서는 절대로 얼지 않는다는 사실이 밝혀진 바가 있다. 영하 3~4도 이하로 기온이 내려 가면 비로소 얼기 시작하는 것이다.

또한 여늬 물보다는 조금 무거운 느낌이 든다. 어떤 환자가 시험해 본 결과에 의하면 3000g의 물이 옴진동을 쪼인 뒤에 30g 무거워졌다는 보고가 있지만, 필자가 입회하여 확인한 것은 아니며, 또 어떤 저울을 썼는지도 확인이 되지 않았다.

그러나 여기서 문제가 되는 것은, '옴 진동수'를 만드는 사람이 강력한 염력(念力)의 주인공으로서 부정적인 상념을 갖고 실험을 했을 때에는 어떤 변화도 일어나지 않았다는 것, 또한 물은 알카리성으로 변하지도 않았을 뿐더러 옴 진동수가 지닌 어떤 특성도 갖고 있지 않은 여늬 물과 같았다는 보고도 있다.

이와 같은 현상을 볼때, '옴 진동수'는 염력(念力)과 깊은 상관관계가 있는게 아닌가 생각된다.

두번째는 옴 진동수는 유독가스와 결합하는 힘, 즉 유독가스를 흡수하는 성질이 다른 물과는 전혀 다르다는 사실이 확인되었다.

자살하려고 극약인 쥐약을 많이 마셔서 병원에서는 해독(解毒)이 안되어 4시간 안에 죽는다고 선고를 받았던 여자가 옴 진동수를 다량 마심으로서 목숨을 건지게 된 예가 있으며, 또한 술을 과음한 뒤에 이 역시 자살하려고 농약을 마셨던 사람이 곧 죽게 되었었는데 옴 진동수 복용에 의해 제독되어 목숨을 건졌을 뿐만 아니라 그뒤 아무런 부작용도 나타나지 않았다는 보고 예도 있다. (강원도 묵호에 계신 朴文鍾 목사님의 보고)

청계천 6가에 있는 어떤 전기상회의 종업원이 커다란 주전자에다가 옴 진동수를 만들고 뚜껑을 닫지 않은채 하루종일 지난뒤 저녁에 돌아와 보았더니 옴 진동수는 황산수(黃酸水)로 변해 있었다는 보고를 해온 일도 있다.

청계천 6가는 하루종일 자동차가 쉴새없이 다니는 곳이기 때문에 모든 자동차에서 배출되는 아황산(亞黃酸)가스가 강력하게 흡수된 결과 이와 같은 현상이 일어난 것이다.

공기가 좋지 않은 곳에서는 옴 진동수를 장시간에 걸쳐서 공기에 노출을 시켰을 경우, 이와 같은 변화가 생기는 반면, 옴 진동수를 유리병에 넣고 뚜껑을 꼭 닫아두었더니 여름철이었는데도 두달 동안 아무런 변화도 일어나지 않았다는 보고 예도 있다.

옴 진동수가 지니고 있는 이와 같은 물리적인 성질은 어디까지나 3차원적인 것이며, 이 옴 진동수가 갖고 있는 영적인 요소, 다른 말로 바꿔 말하면, 4차원적인 특질은 지금까지 수집된 수많은 보고에서 그 결과를 알았을 뿐이며, 어째서 그렇게 되는가에 대해서는 아직 명확한 대답이 나와 있지 않다.

옴 진동수는 처음에는 필자가 하나 하나 직접 만들어 주었지만 (물론 돈 같은 것은 받지 않았다) 2년이 지나자 옴 진동수를 만들어 달라고 찾아오는 사람들 때문에 하루종일 다른 일은 하나도 하지 못하게 되었으므로 연구해 낸 것이 이것이 단순한 물리적인 진동음이 아니고, 4차원적인 힘의 파동이라고 한다면 켓세트, 테이프에 녹음을 해서 전화로 보내주어도 좋지 않은가 하는 생각이 떠올라서 시험적으로 해보았더니 이것이 대성공을 거두었다.

그뒤 약 1년 반에 걸쳐서 전화를 통하여 옴 진동을 보내주었던 바 약 5천명 가까운 사람들이 불치의 질병에서 거의 기적적으로 회복을 했다.

그러나 2년 가까이 되었을 무렵, 시외전화국의 교환원이 사직당국에 필자를 이상한 진동음을 전화를 통해 전국 각지에 보내고 있는 간첩인 것 같다고 고발을 했기 때문에 필자는 엄중한 조사를 받아야만 했고, 그 결과 전화로 진동을 보내는 것은 그만두게 되었다.

필자는 이 두가지 실험결과 옴 진동음이 물에다 주는 효과에 대하여 확신을 하게 되었기 때문에 그 뒤 카셋트 · 테이프에 옴 진동음을 녹음해서 회원이 되신 분들에게 보급을 시작한 것이다.

옴 진동수를 어른의 경우, 하루에 약 1.8 l 정도(정종병 하나) 100일 이상 마시게 될때, 공통적으로 일어나는 반응을 조사해 보았는데 방구가 굉장히 많이 나온다는 것, (어떤 고등학교 여교사는 3시간 동안 계속해서 가스가 나와서 수업시간에 들어가지 못한 예도 있다) 또한 수면제를 마신 것처럼 잠이 쏟아져 온다는 것, (어느 정신병 환자는 18년 동안 앓았고 완치되는 것이 불가능하다는 선고를 받았었는데 72시간 동안 계속 잠을 잔뒤 완치되었고, 그뒤 재발하지 않은 예도 있다) 또한 비만체인 사람들도 거의 예외없이 3개월 안에 아무런 고통없이 10kg 이상 여윈 예가 많다는 것, 가장 좋은 예가 72kg 이상 나가던 필자가 현재 59kg가 되었다. (옴 진동수를 마시게 되면 전혀 공복감을 느끼지 않고 하루에 한끼니만 먹고도 전혀 피곤을 느끼지 않고 일을 할 수가 있는 것이다.)

또한 알콜 중독자는 중독이 심하면 심할수록 술을 전혀 받아들이지 않는 체질로 변한다는 것. 반대로 술이 굉장히 약했던 사람은 일시적으로 술이 강해지는 것도 또한 사실이다. 여기에서 특기할 만한 사실은 여색(女色)을 굉장히 좋아하는 경향이 있는 사람들은 성욕이 거의 없어지다 시피 되어서 자기의 부인 외에는 전혀 관심을 갖지 않게 된다는 것은 정말 놀랄만한 현상이다.

이것은 옴 진동수의 장기적인 복용은 몸에 해로운 일체의 음식에 대해서 알레르기성 체질로 변하게할 뿐만 아니라 심령적으로 좋지 않은 일에 대해서도 거부 반응을 일으킨다는 사실을 증명하고 있는 것이다. 그러나 성욕은 약해지지만 정력은 강해져서 이른바 조루증 같은 것은 쉽게 치유되기 때문에 부부 사이가 원만해진 예는 이루 헤이기 어려울 정도이다.

간장에 이상이 있는 사람은 온 몸에 붉은 반점이 생겨서 가려움증이 생기게 마련이지만 이와 같은 현상은 결코 오래 계속되지 않을 뿐만 아니라 반점이 없어진 뒤에 병원에 가서 검사를 받았던바 거의 예외없이 병이 회복되었다는 진단을 받았다.

중증인 간경화증으로 병원에서 회복이 불가능하다는 선고를 받고 20일 안으로 틀림없이 죽게 되리라던 사람이 옴 진동수 복용후 만 2개월만에 완전히 치유된 예도 있다.

비록 많지는 않지만 간암도 치유된 예가 있고, 중증인 백혈병이 완치된 예도 있다.

자궁암 · 위암 · 뇌종양 · 뇌암, 그밖의 일체의 암에 대해서 너무나도 늦은 경우가 아니면 좋은 결과를 얻을 수가 있는 것이다.

위장 계통이 안좋은 사람들은 옴 진동수를 복용하게 되면 완치될 사람들은 반드시 설사가 일어나며 이와 같은 경우에는 놀라지 말고 계속해서 옴 진동수를 마시면 탈수현상(脫水現象)도 일어나지 않고 자연히 설사는 멎게 마련이다.

빠르면 2~3일, 길게 끌어도 일주일쯤(경우에 따라서는 한달씩 설사가 계속된 특별한 예외도 아주 없는 것은 아니다)이면 설사는 자연히 멎게 되고, 그렇게 심하던 위장 장해가 깨끗이 좋아지게 된다. 이때

숙변(宿便)이 배설됨은 물론이다.

또한 심한 신경통 류마티스 관절염을 앓고 있는 사람들은 (편두통도 마찬가지이다) 반드시 짧으면 2~3일, 길면 약 일주일 동안에 걸쳐서 일시적으로 병세가 악화하여 굉장히 고통을 호소하지만 이 시기만을 무사히 넘기면(이때 옴 진동수 복용을 중단하면 병은 완쾌되기가 어렵다)거짓말처럼 병은 완쾌가 되는 것이다.

또한 사람에 따라서는 옴 진동수 복용중 몸에서 굉장히 나쁜 냄새가 나는 사람도 있다. (중풍 환자, 뇌성마비 어린이, 결핵환자들은 거의 예외가 없는게 아닌가 한다)

마비성 환자도 가려움증이나 또는 통증을 느끼게 되면 머지 않아 마비가 풀리게 마련이다. 이와 같은 여러 가지 현상을 종합해 볼때, 옴 진동수는 체내에 축적된 온갖 유독물질과 유독개스를 가장 효과적으로 몸 밖으로 내어보내는 작용을 한다.

체액이 완전히 정화되어서 체질이 개선되면 온갖 질병은 누구나 선천적으로 갖고 있는 자연 치유력에 의해 치유가 되어 건강해지는게 아닌가 본다.

그런데 여기 또다시 놀랄만한 사실이 있다.

옴 진동수를 장기간에 걸쳐서 일정한 분량을 마시게 되면 그 사람의 성격에 변화가 생긴다.

편협했던 사람이 관대해지고, 어리석었던 아이가 영리해지며, 뇌성마비(결핵성 뇌막염을 앓은 뒤에)로 해서 말도 하지 못하고 전혀 걷지도 못했던 어린이가 전과 같이 영리해지고 아무런 부자유없이 걷게 된 예도 있다.

시각신경(視覺神經)이 마비된 중년이 된 사람(고혈압때문에 뇌출혈을 일으킨 때문이었다)이 눈뜬 장님이었던 것이 두 눈이 보이게 되었을 때는 웬만한 일에는 놀라지 않은 필자도 깜짝 놀랐다.

또한 이혼 직전이었던 어느 부부가 약 100일 동안 옴 진동수를 복용한 뒤에 화해를 하여 지금은 잉꼬 부부가 된 예도 있다.

이것은 몸속을 흐르는 체액이 같은 옴 진동에 동조된 결과가 아닌가 생각된다.

지금 우리나라에는 수천 세대에 속하는 사람들이 그야말로 진동수 가족이 되어 있거니와 한편 지금 60이 된 필자가 날로 젊어져서 지금은 30대 초의 모습과 체력을 지니게 되었을 뿐더러 옴 진동을 일으키는 염력(念力)도 훨씬 강력해졌다.

필자는 생각한다. 결국은 옴 진동수가 전세계에 널리 보급되게 되므로서 세계는 변하고, 수많은 사람들의 체질이 변한 결과, 멀지 않아서 세계 통일국가가 출현하게 되리라고 본다.

필자가 옴 진동수를 기적의 물이라고 부르는 이유가 바로 여기에 있는 것이다.

체질이 정상이 되게 되면, 성격도 정상인이 된다는 수많은 예를 볼때, 인간의 마음이 몸에 영향을 끼치듯이 그 반대도 역시 진리가 아닌가 한다.

당뇨병(이 병이 제일 쉽게 완치가 된다)·고혈압·저혈압·재생불능성빈혈(再生不能性貧血)·백혈병·각종 암들·자율신경실조증(自律神經失調症)·중풍(中風)·통풍(通風)·신경통, 그 밖의 마비성 환자들이 완쾌된 예, 노이로제를 비롯하여 완고한 정신분열증(이 병은 대체로 빙의령에 의해서 생기는 질병이기 때문에 옴 진동수를 마시는 것만으로는 어렵고, 제령시술(除靈施術)을 받을 필요가 있다)이 완쾌된 예는 이루 헤아릴 수가 없을 정도이다.

현대 의학이 많은 질병을 완쾌시킬 수 있는 것은 틀림없는 사실이지만 환자의 성격을 몰라보게 변하게 했다든가, 저능아(低能兒)를 정상인이 되게 한 예가 있다는 이야기는 아직 들어보지 못했다.

필자는 이상 적은 것과 같은 결과를 직접 두 눈으로 확인을 하고 우리들 인류에게는 분명히 미래가 있다는 사실을 확신하게 된 것이며, 과거 수천년에 걸친 수많은 종교의 노력에도 불구하고, 또한 교육의 보급 효과에도 불구하고 오늘에 이르기까지 해결이 되지 않았던 인간 정신과 육체의 완성이라는 어려운 문제가 해결될 가능성이 있다는 믿음을 갖기에 이르렀다.

특히 옴 진동수는 진동 테이프에 의해 만들 수가 있다는 사실은 이미 증명이 끝난 것이기 때문에 언젠가는 공장에서 대량 생산도 가능하지 않을까 생각된다.

4차원적인 힘, 영적(靈的)인 힘을 기계를 써서 사용할 수 있다는 것은 정말 놀랄만한 일이다.

필자가 H음파연구소(音波硏究所)에서 시험을 해본 결과에 의하면 보통 사람들이 이야기할 때의 음압(音壓)이 대체로 4.5 전후인 것에 비하여 12.5라는 데이타가 나왔으며, 또한 오실로그라프라는 기계를 써서 측정한 바에 의하면 옴 진동은 800헬즈대(帶), 3000헬즈대, 8000헬즈대, 측정 불가능한 헬즈, 이 네가지 파장으로서 형성되어 있다는 것이 밝혀졌고, 또한 권총의 발사음까지도 완전히 흡수되도록 특수 장치가 되어 있는 방 안에서도 옴 진동은 전혀 흡수가 되지 않았으며, 보통 환경에서 내는 것과 똑같은 강력한 진동음을 낸다는 사실이 밝혀진 바가 있다.

이런 실험을 해주신 분은 음파 연구를 위하여 미국 유학까지 하신 분이기 때문에 필자로서는 그의 말을 믿을 수밖에 없다.

이 분의 이야기가 옴 진동은 분명히 우리들 귀에도 들리는 소리이기는 하지만 4차원적인 힘을 간직하고 있는게 아닌가 한다.

56. 진동수를 복용함으로써 각종 공해에서 해방될 수 있는가?

물론이다. 기독교의 성경을 보면 말세는 불로써 심판을 내린다고 했다. 따지고 보면 이 대우주는 음양오행(陰陽五行)의 기운으로 이루어져 있는 것, 불이란 오늘날의 공해물질을 말하는 것이라고 생각된다.

불을 끄는 것은 물 밖에 없지 않겠는가?

모든 생명체는 물 없이는 잠시도 살 수 없는 것이다. 물은 음양의 기운이 합해서 물질이 된 것이고, 뜨거워지면 눈에 보이지 않는 기체가 되고 평온에서는 물이 되고, 날이 차지면 얼음이라는 고체가 되는 것이다.

물은 어떤 틈이 있어도 스며 들어갈 수 있는 것이며, 높은 곳에서 낮은 곳으로 흐르는 것은 자연의 이치를 따르는 것이다.

물의 분자 안에는 공간이 있기에 다른 물질을 숨겨 줄수가 있다. 설탕을 타도 소금을 타도 저으면 어디론가 사라지고 다만 물이 남아 있을 뿐, 그러나 기체가 될 때는 물속에 숨겨졌던 다른 것들은 그 모습을 다시 드러내게 마련이다.

한마디로 말해서 진동수는 생명력을 간직한 물로서 일체의 공해물질을 그 품안에 넣고 몸 밖으로 나갈 뿐만 아니라 그 진동수 안에 간직하고 있던 생명력을 그 진동수를 마신 사람에게 돌려줌으로써 육체와 유체를 강화시켜 주는 것이라고 할 수 있다.

또한 진동수는 대우주와 단절되어 있는 인간을 우주와 다시 하나로 만들어 줌으로써 대우주의 사랑과 지혜와 힘이 통하여 잠들었던 구피질(舊皮質)이 다시 살아나게 되면 인간은 본래의 모습인 초인(超人)으로 돌아가게 되는 것이다.

인간이 진동수 가족이 되어서 너절한 집착심에서 해방이 될때 체내에 축적되었던 모든 공해물질은 스스로 몸밖으로 가스의 형태로 거품이 나는 소변의 모양으로 고약한 냄새로 변하여 나가게 마련이고, 그때까지 위축되어 있던 하늘이 준 자연 치유력이 왕성하게 살아나게 되는 것이라고 생각한다.

아니 그뿐만이 아니다.

진동수 가족이 됨으로써 인간은 하나의 육체 인간에서 유체인간(幽體人間) 내지는 영체인간(靈體人間)으로 진화, 발달되는 것이라고 생각된다.

57. 진동수를 복용해야 하는 최종적인 목적은 무엇인가?

필자가 알기로는 인간이 세상에 태어난 목적은 영원을 사는 생명체인 영혼이 잠시 태어났다가 사라지는 육체라는 옷을 입고, 이 물질우주(物質宇宙)를 지배하는 온갖 법칙을 배워서 완전한 사랑(또는 자비심이라고 해도 좋다)을 터득하여 본래의 신(神)과 같은 존재로 진화, 발전하는데 있다.

영혼이란, 영생(永生)하는 존재이기 때문에 시간은 얼마든지 있고, 우리는 재수(再修), 삼수가 아니라 수백 번 수천 번이라도 잘못된 일은 거듭 태어나서 수정할 수가 있다고 본다.

그런데 요즘의 인간들은 마음이 아주 사악(邪惡)해져서 그 정신뿐 아니라 육체도 많이 퇴화하여 자기의 근본인 영혼 자체도 인식하지 못할 단계에 이른 것이다.

진동수를 장기간 복용하면 육체가 건전해질 뿐만 아니라 육체속에 들어있다고 생각되는 유체(幽體)도 강화됨으로써 자연히 인간본연의 자세로 돌아가게 되는 것이다.

인류에게 이 지구라는 땅이 주어진 것은 이 땅 위에서 번성하고 발전하여 육체를 가진 상태에서 지상낙토(地上樂土)를 이루어 보라는 창조주의 절대적인 지시때문이 아닌가 생각된다.

그런데 오늘의 우리 현실은 어떠한가?

이른바 알라의 신(神)을 믿는 자들이 국가적인 규모로 범죄를 행하면서도 하나도 뉘우칠 줄 모르는 상태가 아닌가?

사람을 납치한다든가 누구를 암살하려는 따위는 분명히 우리가 알기에는 범죄에 속한다. 국가가 범죄를 일삼고 그것이 또한 정당화 될때 이 세상은 그야말로 지상낙토가 아닌 지상지옥(地上地獄)으로 변할 것이다.

하늘이 준 축복인 석유자원을 갖고 지나친 부(富)를 추구하는 목적으로 사용하여 전세계 사람들을 괴롭힐 때, 그런 사람들이 어떻게 창조주이신 하나님의 축복을 받을 수 있겠는가?

결국 인간은 스스로의 사악함과 어리석음때문에 머지않아 이 땅 위에서 자취를 감추게 될 것은 너무나 분명하다. 그러나 세상에는 하나님의 뜻을 따르는 착한 사람들도 많다. 이들 마저도 도매금으로 멸망의 길을 가야 옳을 것인가?

이에 대한 하나님의 대답이 바로 진동수의 세계적인 보급이 아닌가 필자는 생각한다. 불을 이기는 것은 물 밖에 없다. 사람의 몸 속으로 침식해 들어오는 온갖 공해물질들을 가장 효과적으로 배설시켜주는 것은 진동수 복용보다 더 좋은 방법이 없는 것이다.

제 5 장

사진은 말한다

58. 사진을 보고 '라이프 · 리이딩'이 되는 이유는 무엇인가?

사람의 두뇌에는 신피질(新皮質)인 대뇌와 구피질(舊皮質)로 된 간뇌(間腦)가 있고, 그 간뇌 안에는 송과체(松果體)라는 것이 있는데 이 송과체는 인간의 전생(前生)에서 부터의 모든 경험들이 기록되어 있는 곳일 뿐 아니라 인간은 누구나 고유한 영파(靈波)를 갖고 있어서 24시간 동안 쉴새없이 방송을 하고 있는 것이다.

사진을 찍을 때, 어떤 미지의 힘에 의해 이 영파가 사진에 기록이 되는 것이다. 또한 사진에 기록된 사실들은 계속해서 발신을 하고 있는 것이라고 생각하면 무방하다.

만일 여기에 어떤 수신기가 있어서 사진에서 발신하는 기록을 다시 받아서 재구성할 수 있다면 사진만 보고도 '라이프 · 리이딩'은 가능하다는 이론이 성립될 수 있는 것이다.

필자와 같은 사람은 송과체 안에 있다고 생각되는 뇌사(腦砂)가 응집 현상을 일으켜서 사리(舍利)를 형성하고 있다고 여겨지며, 이 사리는 거의 모든 사람들의 영파와 동조할 수 있는 검파기와 같은 구실을 하기 때문에 사진을 보고 라이프 · 리이딩이 가능한 것이라고 생각된다.

21세기에 들어서서 장차 4차원 문명이 발달되면 기계적인 방법으로도 사진을 보고 라이프 · 리이딩이 가능해지리라 본다.

우선 필자가 경험한 실례를 하나 소개해 보기로 하자.

한 1년 전 일이었다고 기억되는 어떤 부인이 사진 한장을 갖고

필자를 찾아온 일이 있었다. 말없이 필자에게 사진을 보여 주더니,
"이 애가 어떻게 될 것 같습니까?"
하고 묻는 것이었다.

대학생인 듯한 젊은이의 사진이었다.

"아드님이군요."

"예."

"혹시 일주일 전에 교통사고를 당하지 않았습니까?"

"예, 맞습니다. 살겠습니까?"

"제가 보기에는 이미 일주일 전에 세상을 떠난 것으로 나타나는군요. 만일 맞지 않는다면 앞으로 일주일 안에 죽을 것 같군요."

부인은 필자가 본대로 자기 아들은 일주일 전에 교통사고로 죽었노라고 했다.

59. 사진에 대한 심령진단을 받고 실제로 운명이 바뀐 예가 있는가?

물론 그런 예는 많다.

여기서는 이론적인 설명보다도 실제 있었던 예를 몇 가지 들어 보기로 한다.

얼마 전 일이다. 어떤 중년부인이 어린 딸의 사진을 갖고 와서 필자에게 이런 의논을 한 일이 있다.

"저는 남매를 둔 어머니인데 어떻게 된 셈인지 아들에게는 애정이 가는데 딸애는 까닭없이 미워서 구박을 하게 됩니다. 이러면 안된다, 딸 아이가 정상적으로 자랄 수 없다고 자식에 대한 편애를 시정해 보려고 해도 그것이 영 뜻대로 되지를 않습니다. 선생님한테 의논을 하면 혹시 도움이 될까 해서 찾아 왔습니다."

하고 딸의 사진을 내어 놓았다. 사진을 본 순간 필자는 이것이 이승에서 생긴 원인이 아니고 전생에서 비롯된 것임을 알 수가 있었다.

"따님은 전생에서 부인의 시누이였습니다. 일찍 시부모가 돌아가셔서 자기 딸처럼 사랑으로서 키웠는데 이 시누이가 자란 뒤에는 톡톡히 시누이 행세를 해서 부인을 괴롭혔습니다. 부인은 어린 시누이를 딸처럼 사랑으로서 키운 것을 후회를 했습니다. 이때의 일이 인연이 되어서 전생에서의 시누이는 지금 부인의 딸로 태어났지만 부인의 무의식속에 있는 기억때문에 딸로서 대해지지가 않고 미웠던 시누이처럼 느껴지는 것입니다."

"알았습니다. 그러고 보니 그애가 아직 어리면서도 자주 저를 비판하더군요."

"시누이였던 것은 어디까지나 전생에 있었던 일이고, 지금은 따님이라는 사실을 잊지 마시기 바랍니다."

필자로부터 영사를 받은 뒤, 이 부인의 딸에 대한 미움은 싹 가셨다고 한다.

이런 것은 장차 이 딸 아이의 자칫 빗나갈 수도 있는 운명을 바꿔준 좋은 예가 아닌가 한다.

옴 진동수를 마시게 하고 사진을 필자의 시술실에 놓아 두었더니 두어달 뒤에 기적적으로 간암에서 완쾌가 되어 이제는 직장에 나갈 수 있게 되었다고 인사를 온 예가 있다.

60. 사진을 통해서 원격 심령치료가 가능한가?

이 경우 역시 필자가 직접 경험한 예를 들어서 설명하는 수밖에 다른 도리가 없다.

1977년도의 일이었다고 기억된다. 인천에 사신다는 60이 넘은 한 손님이 필자를 찾아와 다음과 같은 하소연을 한 일이 있다.

"저는 몇해 전에 암으로 아내를 잃고 다시 속현(續絃)을 했습니다. 그 역시 남편과 사별한 터인데 죽은 남편도 의사였고, 또 큰 아들은 미국에 이민을 해서 그곳에서 의사 노릇을 하고 있죠. 그런데 미국에 있는 아들의 초청을 받고 그곳으로 간 뒤 1년이 넘도록 돌아올 생각을 하지 않습니다. 그리고는 저에게 수속을 해줄테니 미국으로 오라는 것입니다. 그러나 저로서는 그럴 수가 없는 것이 여기에 벌려놓은 사업도 정리를 할 수가 없는 데다가 아들 딸들이 여기 살고 있고, 또 그들이 반대를 합니다. 그러니 어떻게 했으면 좋겠습니까? 아들 딸들이 있다고 해야 모두 자기네 살기가 바쁘고 정말 외로워서 견딜 수가 없군요."

하고 눈물짓는 것이었다.

필자는 부인과 함께 찍은 사진을 두고 가라고 했다. 그리고 체질개선연구원의 회원이 되어서 앞으로 열심히 100일 동안 진동수를 마셔보라고 했다. 100일쯤 되면 아마 갑자기 부인이 미국에서 돌아오기가 쉬우리라고 했다.

얼마 동안 소식이 없더니 그뒤 반년 쯤 지나서 이 분이 다시 필자를 찾아왔다.

"선생님의 말씀이 맞습니다. 100일쯤 되자 어느 날 밤에 미국에서 전화가 걸려 왔습니다. 영감 생각이 나서 더 이상 미국에 있을 수 없어서 곧 한국으로 돌아오게 되었다는 이야기였죠."

"그래 부인께서 돌아오셨나요?"

"예, 지금은 아주 행복하게 지내고 있습니다."

악령(惡靈)에게 빙의된 사람들은 아무리 권해도 옴 진동수를 마시려고 하지를 않게 마련이다. 그러나 본인의 사진을 필자의 연구원에 갖다 놓으면, 어떤 사람은 그날부터 진동수를 마시게 되어서 고질병에서 완쾌된 예도 있다.

사진을 통한 원격 심령치료가 성공한 예는 이루 헤아릴 수 없을 만큼 많다.

61. 사진으로는 라이프·리이딩이 되는데 직접 본인을 보고는 잘 안되는 이유는?

심령과학에 대해서 얼마간의 지식이 있는 사람이라면 누구에게나 세분 이상의 보호령이 있다는 것은 널리 알려진 사실이다.

심령과학의 일반적인 지식에 의하면 보호령 가운데 한분은 대체로 5~9백년 전에 죽은 육체 조상의 한 분이고, 또 한 분은 그 사람이 갖고 있는 직업을 지도해 주는 보호령, 또 그밖의 다른 한 분이 있는 것으로 되어 있다.

한편 사람은 누구나 개인의 사생활의 비밀을 간직할 수 있는 것이고, 현대인이라면 누구나 남의 사생활을 굳이 알려고 하는 것은 무례한 짓임을 알고 있다.

이런 점에서 볼 때, 처음 만난 사람의 본인도 모르고 있는 과거를 알아내려고 할때 보호령은 원칙적으로 협조를 해주지 않게 되어 있다.

보호령이 방해를 하면 피시술자의 영파(靈波)에 동조를 할 수 없게 된다. 따라서 아무리 영사 능력(靈査能力)을 가졌더라도 별 도리가 없게 된다.

그러나 사진에는 보호령이 따라 붙지를 않는다. 그래서 사진에서 방사(放射)되고 있는 사진의 주인공의 영파에 동조하는 것은 그다지 어려운 일은 아니다.

사진의 주인공의 몸에 망령(亡靈)이 빙의되어 있을 경우에는 사진을 통해서 영사가 가능하다.

최근에 어떤 분이 자살 충동때문에 고통을 받고 있는 따님의 사진을 필자에게 가져 온 일이 있었다.

"귀가 잘 안들리는 상태에서 시집을 가서 시집 식구들에게 시달림을 받은 나머지 우물에 빠져 자살해 죽은 고모님의 영혼이 빙의되어 있는 것 같습니다. 자살한 고모님은 아직도 자기가 살아있는 줄 착각을 하고 있기 때문에 따님에게 자꾸 자살 충동을 일으키게 하는 것이죠."

사진을 가져 온 부인은 잘 모르겠노라고 했다. 그러나 며칠 뒤에 다시 찾아와서 남편에게 물어 본 결과 훨씬 손위 남편의 누님이 남편이 어렸을 때 자살을 했노라 했다. 그러나 본인을 보았을 때는 영사가 되지 않았다.

보호령들이 협조를 해주지 않았기 때문이었다. 이런 경우는 얼마든지 있다.

62. 사진을 보고 죽은 사람과 살아 있는 사람을 구별할 수 있는가?

살아 있는 사람의 사진은 어느 의미에서 사진에 찍힌 주인공과 영적(靈的)으로 연결이 되어 있는 반면, 죽은 사람은 연결이 끊어져 있는 것으로 생각이 된다. 살아있는 사람의 사진도 건강한 사람과 중병을 앓고 있는 사람은 각기 느낌이 다르다.

중병을 앓고 있어서 곧 죽게 될 사람은 사진이 희미해지고 이른바 사상(死相)이 나타나 있게 마련이다. 질병을 앓고 있던 교통사고로 죽게 되던, 죽게 되어 있는 사람은 입언저리가 시커멓거나 파아란 느낌을 준다.

필자의 경험에 의하면 대개 6개월 전에 이미 죽음의 예고는 시작된다. 가끔가다 행방불명이 된 사람들의 사진을 가족들이 필자에게 가져 오는 경우가 있는데, 이미 죽은 사람은 얼른 식별이 된다.

절벽에서 떨어져 바다 속에서 죽었고 시체는 이미 고기밥이 된 경우는 그 마지막 장면이 사진을 통해서 투시가 된다.

이것을 볼때 죽는 순간의 장면이 사진에 기록이 된것이 분명하다. 그런데 정신이상자로서 행방불명이 된 사람이 정신이상이 되기 전에 찍은 사진을 보고는 투시가 불가능했다.

이것은 사진이 내어 뿜고 있는 영파와 정신이상이 된 뒤의 영파가 다르기 때문이다.

본인의 영혼은 몸 밖으로 내어 쫓기고 빙의령에 의해 육체가 점령되어 있을 경우, 몸은 그 사람이지만 빙의령의 영파 파장이 나오기 때문에 사진과는 연결이 되지 않는 것이다.

행방불명이 된 사람들의 사진을 보고 어디엔가 살아있다는 것이 확인이 되면 그 사진을 통해서 사진의 주인공에게 염력(念力)을 보낼 수도 있다.

그렇게 함으로써 대체로 100일이면 행방불명이 된 사람을 집으로 돌아오게 해준 예가 많다.

그러나 이 경우에도 본인에게 직접 염력(念力)을 보내는 것보다는 필자의 보호령들에게 부탁을 해서 상대편의 보호령에게 호소를 하는 편이 가장 안전하고 확률이 높은 방법이 아닌가 생각된다.

죽은 뒤의 구원은 극락의 존재 때문이다.

63. 죽은 사람의 사진을 보고 다시 태어난 경우도 알 수가 있는가?

이 질문에 대해서도 필자가 경험한 이야기를 들려 주는 게 좋으리라고 생각된다.

지금으로부터 몇년 전 일이었다고 기억된다. 부산에서 어떤 할머니가 필자를 찾아온 일이 있었다.

할머니는 인사가 끝나기가 무섭게 품 안에서 사진 두 장을 꺼내 놓았다.

하나는 40대에 들어선 남녀가 밥상을 앞에 놓고 찍은 사진이었고, 또 한장은 머리를 박박 깎은 고등학교 남학생 사진이었다.

"선생님은 사진만 보시고도 모든 것을 아실 수 있다고 해서, 이 답답한 심정을 풀길이 없어서 찾아온 것이니까 보시고 아시는 대로 말씀해 주세요."
하고 할머니는 두손 모아 합장까지 했다.

필자는 하도 경건한 할머니의 태도에 압도되어서 사진을 받아들고 공심상태(空心狀態)로 들어갔다.

"큰 아드님 내외의 사진이죠?"

"예"

"며느님의 성품이 대단하군요. 남편이 한마디 하면 두마디 대답하는 성품이 아닙니까?"

"그래요."

"아드님에게는 작은 댁이 있고, 최근 그러니까 올 봄 3~4월 경에 아들을 얻은 것 같은데요?"

"맞습니다."

필자는 또 하나의 사진을 보았다.

"막내 아드님입니까?"

"예."

"지금 살아 있습니까?"

"아아뇨?"

"사고로 죽었군요. 혹시 연탄가스 중독으로 죽은 게 아닙니까?"

"맞습니다."

"이 아드님은 벌써 태어났군요. 남포동에서 술집하는 여자의 몸을 빌어서 얼마 전에 사내 아이로 다시 태어난 것 같습니다."

"맞습니다. 큰 아들의 작은 댁이 바로 남포동에서 술집하던 여자입니다."

"전생(前生)의 모습과 많이 닮았을 겁니다."

"그것도 맞습니다."

이것은 죽은 사람의 영혼이 다시 태어날 경우에도 영파(靈波)의 파장은 전생의 인물과 같기 때문에 여전히 사진과 연결이 되어 있고, 또 소식을 전해 주기 때문이 아닌가 필자는 생각한다.

64. 사진만 보고도 전생을 알 수 있는가?

이것 역시 필자가 직접 경험한 이야기를 소개하고 풀이를 해볼까 한다.

지금으로부터 몇년 전, 하루는 지방에서 두 손님이 필자를 찾아온 일이 있었다.

"선생님은 본인이 그 자리에 없어도 사진만 보시고도 영사(靈査)를 할 수 있다고 들었는데요."

인사가 끝나기가 무섭게 한 손님이 던진 질문이었다.

"예, 그렇습니다만……"

그러시다면 이 사진을 보시고 영사를 해주시면 고맙겠습니다." 하고 그는 '남산기념'이라는 글이 들어 있는 웬 중학생 사진을 꺼내 보였다.

"아드님이시군요."

"예, 그렇습니다."

"성격에 결함이 있군요. 혹시 도벽(盜癖) 같은게 있는게 아닙니까?"

"맞았습니다. 이 아이는 아주 악성(惡性)의 도벽을 가졌습니다.

국민학교 5학년때 누가 가르쳐 주지도 않았는데 철사를 갖고 금고문을 열고 돈을 훔쳐간 일도 있습니다. 훔치는 데는 아주 천재적인 재능이 있습니다."

"아드님에 대해서 그렇게 말씀하시면 안되죠."

"부끄럽습니다. 이를테면 그렇다는 말씀입니다. 지금은 소년원에 수용되어 있습니다. 저의 가정이 가난하지도 않고 또 외아들이기도 하기 때문에 제 딴에는 용돈 같은 것도 넉넉히 주고 있는데 영 고질적인 도벽을 버리지 못하고 있습니다. 그래서 고민하던 중, 선생님이 쓰신 심령과학책을 읽고 혹시 빙의령때문이 아닌가 하는 생각이 들어서 찾아왔습니다."

"맞습니다. 이 사진을 보고 영사해 본 바에 의하면 전생에서 도적으로 처형된 다섯 사람의 영혼이 빙의되어 있어서 이런 악습을 갖게 만든 것이라고 생각됩니다."

"저는 얼른 믿어지지 않습니다만 좀더 구체적으로 그 이야기를 해주실 수 없을까요?"

"그럽시다."

이조 말엽(李朝末葉)에 있었던 일이 아닌가 한다.

강화유수(江華留守)로 부임한 이 선임(가명임)은 강직하기로 이름난 사람이었고, 그에게는 장성한 아들이 하나 있었다. 이 무렵, 강화도에는 이름난 도적의 가족 다섯명이 살고 있었다.

그들이 여러 번에 걸쳐서 죄를 범하자 이선임은 몹시 화를 내고 그들에게 곤장 3백대씩을 때리는 벌을 내리게 했다.

말이 태형이지, 곤장 3백대를 맞고 살아남을 수 있는 죄인은 없었다. 그러니까 사형선고나 다름이 없는 형이었다.

이 이야기를 전해 들은 유수의 아들이 아버지에게 간언을 올렸다.

"아버님, 하치 않은 좀도적질을 한 녀석들을 곤장 3백대로 사형에 처하신다는 것은 좀 벌이 지나친 것 같습니다. 그렇게 해서 다섯명이 모두 죽는다면 일가몰살의 중벌을 받은게 되지 않습니까? 어떻게 달리 생각해 보시고 좀더 가벼운 벌을 내리시는게 어떻습니까?"

아들의 충고를 듣고 강화유수 이선임은 크게 화를 내었다.

"너, 이놈! 너는 글방에서 공부나 착실히 해서 과거에 급제할 생각이나 하지 않고 아비가 동헌(東軒)에서 하는 일에 참견을 하다니! 내 바른 말을 한다마는 그놈들은 아주 고질적인 도벽을 가진 도적들이다. 지금 아주 도적의 씨를 말려 놓아야지, 그대로 두어서 자손이 번창하면 후에 화가 더 큰게야, 알겠느냐?"

"하오나 이것은 분명히 직권남용이십니다. 좀도적들을 사형을 시키신다는 것은 아무래도 지나치신 처사이옵니다. 다시 생각을 하십시오."

"이놈! 사형은 누가 사형을 해. 곤장 3백대의 태형을 집행할 뿐인게야!"

"엎어치나 둘러치나 결과는 같지 않습니까?"

"다시 그런 소리를 해서 아비가 집행하는 공무를 방해한다면 너는 내 자식이 아니다. 알겠느냐?"

하고 강화유수는 몹시 화를 내었다. 결국 이들 좀도적 5인 가족들은 모진 매 끝에 형장의 이슬로 사라지고 말았다.

"이때 강화유수가 바로 도벽을 가진 손님의 아드님이고 그때의 유수의 아들이 손님이시군요."

"재생(再生)하는 과정에서 부자가 뒤바뀌는 수도 있습니까?"

"물론이지요. 그때 유수의 아들은 심령적으로는 아버지와 같은 자리에 서 있었기 때문에 순서가 뒤바뀐 것이라고 생각됩니다."

"하지만, 강화유수가 그때 다섯명의 죄인을 그처럼 심하게 다룬 데는 그 나름대로 또 다른 이유가 있었을게 아닙니까?"

"아주 좋은 질문을 하셨습니다. 물론 이유야 있었지요. 이때의 유수는 단종시대에 처형된 사육신(死六臣)들 가운데 한 사람이었고 다섯명의 도적은 사육신을 모함해서 그들을 죽음의 길로 몰아 넣고 공신이 되어 죽은 사람들의 처첩(妻妾)과 많은 재산들을 하사받은 사람들이 다시 태어난 것입니다. 그들은 전생에서 실질적으로 도적이었습니다. 그렇기 때문에 다음 생애에서는 타고난 노적이 되어서 인과법(因果法)에 의한 처벌을 받게 되었던 것입니다."

"그렇다면 끝이 없지 않습니까? 그런 사람들을 잊고 다시 빙의가 되었으니까요?"

"이것은 분명히 악순환입니다. 사진을 두고 가십시오. 아드님이 소년원에서 풀려 나오거든 옴 진동수를 100일 이상 마시게 한 뒤에 데리고 오시면 체질개선 시술과 제령을 해드리겠습니다."

"그들 빙의령들을 제거시켜 주신다는 말씀입니까?"

"물론입니다. 그들이 전생에서 처형당한 이유를 설명하여 주고 아드님을 용서하게 하여 유계(幽界)로 보내 버리면 이것으로서 모두가 구원이 되는 것입니다."

그는 잘 알았다고 하고 돌아갔었는데 그뒤 1년쯤 지나서 진동수를 100일 이상 마시게 한 뒤에 아들을 데리고 왔다.

그는 며칠에 걸친 체질개선 시술을 받고 제령을 받은 뒤에 완전히 새 사람이 되었다고 한다.

이제는 보이는 곳에 돈이 놓여 있어도 손을 대는 법이 없다고 했다.

또 성격도 아주 명랑해져서 지금은 어느 전문대학에 들어가 열심히 공부를 하고 있다고 했다.

이런 경우 사진에는 전생의 기록까지도 실려있다고 보아야 하겠고, 소년과 필자의 보호령이 도와 줌으로써 라이프 · 리이딩이 정확하게 되어 이 도벽을 가진 소년의 운명이 바뀌게 된게 아닌가 생각된다.

제 6 장

사람은 왜 병들게 되는가?

65. 사람이 난치병이나 불치병을 앓게 되는 원인은 무엇인가?

사람들이 앓게 되는 난치병·불치병의 대부분은 이른바 빙의령때문에 일어나는 경우가 많다.

인간의 육체가 완전한 모습으로 활동을 하고 있는 것은 신계(神界) 또는 영계(靈界)로부터 보내지고 있는 생명 에너지가 도중에 아무런 방해를 받지 않고 그대로 작용하고 있는 상태인데, 흔히 말하는 난치병이나 불치병, 또는 재앙은 조물주에게서 보내져 오는 생명 에너지가 우선 유계(幽界)에서 그 사람의 나쁜 생각(또는 나쁜 인연)의 집적때문에 오염이 되어서 그 오염된 에너지가 도달하기 때문에 일어나는 현상이라고 볼 수가 있다.

그러나 이 질문에서 말하는 것과 같은 난치병들은, 그 사람의 나쁜 상념(想念) 탓이라고 하기 보다는 그 사람의 조상이나 또는 인연이 있는 영혼들 가운데 아직도 깨닫지 못하고 있는 영혼, 예를 들면 앓다가 이미 죽어서 육체(肉體)가 없어졌는데도 계속 아프다고 생각하고 있는 영혼인 환자에게 빙의되어 있는 경우가 바로 그 좋은 예라고 할 수 있다.

이들이 보내는 그릇된 염파(念波)가 조물주에게서 오는 생명 에너지 광선을 가로 막아서 그 사람의 육체를 부자유한 상태로 만들어 버린 것이라고 본다.

생명의 빛 에너지가 100촉 가량이면 완전하게 살수 있는데, 10촉광도 안비치는 정도가 된다면 육체가 부자유스럽게 될것은 너무나도 당연한 일이다.

따라서 이런 질병을 고치려면 환자의 생명력을 약하게 만들고 있는 외부로부터의 원인을 제거해 주는게 아주 중요하다.

환자의 두뇌와 몸을 차지하고 있는 빙의령들을 올바르게 타일러서 이탈을 시키고 재도를 시켜줌으로써 환자의 난치병은 반쯤 고쳐질 수가 있으나, 또한 잊어서는 안될 것은 환자의 정신 상태가 조화를 이루지 못함으로써 같은 염파(念波)를 가진 빙의령들이 빙의된 것인 만큼 환자의 마음도 깨닫게 해주어야만 한다.

또한 한번 빙의되었던 환자의 몸은 체질이 바뀌어 있기 때문에 또다시 다른 빙의령들이 빙의되기 쉽게 되어 있으므로 환자의 심신을 아울러 정화시켜 주는 것이 절대로 필요하다고 생각한다.

옴 진동을 넣은 특수한 조각(옴 · 마니 · 반메 · 훔의 6字大明王眞言)을 한 은반지를 만들어서 환자의 왼쪽 손의 약지에 끼워 줌으로써 빙의령들의 재침범을 효과적으로 막아줄 수 있다는 사실을 발견한 필자는 제령받을 때, 이 은반지를 미리 미리 준비했다가 끼어 주곤 하는데 그렇게 한 경우 90% 이상 질병이 재발되지 않음을 알게 되었다.

장기간에 걸쳐서 옴 진동수를 복용하고, 이어서 직접 체질개선 시술을 받고 제령까지 받은 환자들은 대뇌의 기능이 점차 개발되어서 개인 의식에서 인류의식 내지는 우주의식과 동조되는 방향으로 뇌의 기능의 범위가 넓어지게 됨으로써 여러 가지 난치병과 불치병에서 해방되게 된다는 사실을 필자는 수없이 경험한 바가 있다.

무엇이나 내 자신의 몸과 마음이 허술할 때, 남이 침범하는 것이지, 내 몸과 마음이 단단하게 무장이 되어 생명력이 왕성하다면 어떤 빙의령도 절대로 침범할 수 없는 것이다.

또한 어린이가 여러 가지 난치병을 앓고 있을 경우 환자와 필자가 아무리 노력을 해도 부모들의 마음이 착하지 못하고 감사하는 마음이 없을 때는 병은 완쾌하기 어렵다.

또한 열살 미만(이것은 정신 연령도 포함해서다)의 어린이는 그 어머니와 유체(幽體)가 연결이 되어 있기 때문에 어머니의 협조 여부가 매우 중요한 비중을 차지한다.

고통을 받을 때는 반드시 그럴만한 까닭이 있게 마련이다. 정상이 하도 딱해서 가끔 필자는 무기한으로 무료시술을 해주는 경우가 있는데, 이런 경우에도 부모들이 무관심하거나 믿지 않거나 감사하는 마음이 전혀 없을 때는 그 자녀들의 질병은 완쾌하기가 매우 어렵다는 사실을 거듭 밝혀두고저 한다.

66. 심령적인 원인때문에 병들게 되는 경우도 있는가?

고혈압·저혈압·중풍(中風)·소아마비·각종 뇌성마비·각종 암 환자들·당뇨병, 아무리 약을 써도 더 좋아지지도 않고 나빠지지도 않는 수십년 된 위장병 등은 거의 80% 이상이 심령적인 원인에서 비롯된 것이라고 보아도 무방하다.

단순히 생리적으로 생긴 질병은 오늘날의 현대의학과 한방의학에서 거의 전부 치유가 가능하다.

유체(幽體)나 영체(靈體)에 원인이 있는 병도 그 원인이 전생의 업장(業障) 때문에 생긴 것, 이를테면 어머니 뱃속에서부터 빙의가 되어서 태어난 사람들은 후천적으로 빙의가 되어서 생긴 질병보다는 훨씬 완쾌되기가 어렵다.

올바르게 라이프·리이딩을 해서 장기간 옴 진동수를 마시게 한 뒤 직접 체질개선 시술을 받게 하고, 정식으로 제령을 해서 빙의된 영혼들을 깨닫게 해서 유계(幽界)로 보내 주기 전에는 완쾌가 힘들다.

67. 생활 태도가 나빠서 병들게 되는 경우도 있는가?

물론이다. 현대의학으로 치유될 수 있는 대부분의 질병은 환자의 잘못된 생활 태도에서 생겨난 것들이다. 자기 자신의 체력도 생각지 않고 너무 과음하는 생활을 해서 여러 가지 간장 질환을 일으키는 경우(만성 간장염에서 간경화, 간암에 이르기까지)라든가 너무 여색(女色)을 밝힌 나머지 취장을 혹사해서 당뇨병에 걸린다든가 하는 것이 그 좋은 예라고 할 수 있다.

이밖에도 너무 자극성이 강한 음식을 항상 과식해서 생기는 위장 장해라든가, 힘에 겨운 일을 너무 많이 한다든가, 항상 지나치게 신경을 긴장시키는 일을 함으로써 심장 기능에 이상이 생긴다든가 하는 것도 좋은 예라고 할 수 있다.

육체는 항상 균형있게 사용해야 하며 어느 내장의 기관에 너무 부담이 많이 걸리는 생활을 계속하면 그곳에 무리가 가서 질병이 생기게 마련이다. 따라서 어떤 종류의 질병은 생활 태도가 습관을 바꾸어 주는 것만으로도 치유가 되는 경우가 있다.

앞으로 구체적으로 하나 하나 설명해 보고저 한다.

68. 간장 장해는 왜 생기는가?

간장 장해는 세가지 원인이 있다고 본다.

우선 첫째는 간장병을 앓다가 죽은 사람의 혼이 빙의되어 생기는 경우를 들 수가 있다. 다음은 지나친 과음과 항상 신경을 곤두세우고 화를 잘 내는 그런 생활 태도에서 생기는 경우가 있다.

세번째는 복잡한 인간 관계에서 비롯되는 경우를 들 수가 있다.

부인과 사이가 나쁘고 자식들 때문에 늘 속이 상하는 마음을 술로 달래다 보면 간장 장해는 생기게 마련이다.

가족들을 아무 거리낌 없이 사랑하고, 또 가족들로부터 사랑받는 그런 생활을 하는 사람은 여간해서 간장 기능이 나빠지는 일이 없다.

흔히 이런 말이 있다. 화를 크게 낸다는 것은 마치 몽둥이로 간장을 때리는 것과 같다. 또한 화가 나는 것을 너무 참기만 해도 간장은 나빠지게 마련이다.

생활 태도를 바꾸어 남을 용서하고 내 자신도 용서하는 너그러운 마음을 가질 때 간장의 기능은 좋아지게 마련이다.

69. 위장병은 왜 생기는가?

위는 예민하게 노여움을 반영시키고 마음의 고통을 그대로 반사를 한다.

위장병은 그래서 흔히 직업병이라는 말도 있다. 이를테면 택시 운전사라든가, 단골 손님들 자택을 자주 방문해야 하는 판매원, 영업부원 등에게서 많이 찾아볼 수 있는 질병이다.

항상 마음이 초조하고 남에게 대해서 신경을 쓰고, 또 불안을 말해 보았자 소용이 없는 일이기 때문에 비위가 틀리는 것도 꾹 참고 있는, 그런 직업에 종사할 때 위장 장해는 생기게 마련이다.

또한 자기는 가족들에게 사랑을 받고 있지 못하다고 느끼는 그런 사람들은 항상 마음이 굶주려 있기 때문에 육체적으로도 배고픈 상태가 되어 있고, 그 결과 위산과다가 되기가 쉽다.

항상 노력하는 것만큼 보답을 받지 못하고 있다고 현실에 불만을 느끼는 사람들도 위장 장해를 일으키게 마련이다.

대범하게 인생을 살아가고 자기에게 불리한 생각은 되도록 하지 말고 불만이 있더라도 쏟아놓고 잊어버리면 위장병은 어느덧 좋아지게 마련이다.

70. 신경통은 왜 생기는가?

신경통이나 류머티즘을 앓게 되는 근원은 슬픔 때문이다. 슬픈 사람, 더욱이 그 슬픔을 솔직하게 털어 놓을 수 없었던 사람들에게서 많이 발생하는 병이다.

슬픈 상태에 놓인 사람은 울고, 눈물을 흘려 버리면 어느 정도는 마음이 후련해지겠지만 울지 못하는 성질의 사람, 울수 없는 입장에 놓여 있는 사람은 그 슬픔이 고이고 고여서 질병의 원인이 되는 것이다.

슬픔을 발산하지 못하면 피는 산성이 되게 마련이다. 남에게 배신만 당한 사람들을 보면 거의 예외 없이 신경통이나 류머티즘을 앓고 있다.

그래서 중년이 넘은 가정 부인에게서 많이 찾아볼 수 있는게 신경통이고, 또한 사업에 실패해서 쓸쓸하게 노년을 보내고 있는 전직 사업가에게서도 신경통을 많이 찾아볼 수가 있다.

옴 진동수를 열심히 마셔서 피가 정화되면 대개의 신경통은 완쾌된다. 또한 슬픔을 마음에 간직하지 않도록 노력하는 게 좋다.

71. 소아마비는 왜 생기는가?

선천성 뇌성마비에 의한 소아마비의 경우를 보면 어린아이의 부모에게 반드시 문제가 있게 마련이다.

남편이 여성적인데 비하여 부인의 성질이 아주 사나워서 일주일이 멀다하고 무섭게 싸우는 부부, 남편을 전혀 존경하지 않는 아내, 이런 사이에서 태어난 아이중 선천성 소아마비가 많은 것을 볼 수가 있다.

특히 임신한 부인이 자주 남편과 싸운다는 것은 소아마비 뿐만 아니라 뇌성마비 어린이를 낳기 쉬운 요인이 된다. 부부 사이의 이그러진 상태, 남편을 집안의 기둥으로 세워 주지 않는 부인의 마음이 이런 아이로서 나타나는 것이 아닌가 한다.

그렇기 때문에 부부가 마음으로 굳게 뭉처서 서로 아끼고 아이를 고치기 위해 온가족이 열심히 1년 이상 진동수를 마시니까 기적적으로 회복이 된 예가 있다.

질서가 없는 부부관계를 바로잡고 사랑을 키워 가면 부부 사이는 어느덧 정상이 되고, 따라서 아이의 상태도 점차 좋아지게 되는 것이라고 할 수 있다.

72. 요통은 왜 생기는가?

요통은 한마디로 말해서 남녀의 부정한 성관계에서 비롯되는 것이다.

사랑해서는 안될 유부남을 사랑한다든가, 또는 그 반대의 경우에도 요통은 생기게 마련이다.

허리는 성생활에서 중요한 구실을 하기 때문에 부정한 성생활을 할때 허리에 무리가 오게 마련인 것이다.

또한 정식으로 맺어진 부부 사이에서도 부정한 관계는 있을 수 있다. 남편이외에 마음 속으로 그리워하는 사람이 있어서 그 사람을 생각하면서 남편과 성행위를 하는 경우 —— 이것도 부정한 성행위라고 할 수 있다.

또한 마음속으로는 남편을 싫어하면서 육체만 서로 맺어지는 경우 이것도 부정한 성행위라고 할 수 있다.

자기는 전혀 원하지 않는데 남편이 원하니까 마지못해 성행위를 할 경우 부인은 불감증이 생길뿐만 아니라 심한 요통을 앓게 된다.

그러면 남편과의 성생활이 점점 더 무거운 부담으로 느껴지게 되고 요통은 전혀 치료가 되지 않게 마련이다.

73. 콧병은 왜 생기는가?

콧병이 생기는 정신적인 원인은 거역하는 마음, 곧 반항심이다.

필자 자신의 경우를 보아도 어려서 아버지에 대해서 몹시 반항심을 가졌었는데 줄곧 완고한 콧병을 앓아 왔고 아버지와의 사이가 원만해지면서 그처럼 오랫동안 앓아오던 콧병이 별다른 치료를 받지도 않은 상태에서 어느덧 완쾌되었다.

코는 얼굴의 중심을 차지하고 있을 뿐만 아니라 또한 제일 높은 곳이기도 하다.

또한 코는 태어난 뒤 죽을 때까지 잠시도 쉬지 않고 활동을 하고 있는 것이다.

잠자는 동안에도 코는 숨을 쉰다. 숨이 끊어지는 순간, 사람은 죽게 마련이다. 어느 목사님이 마음 속에서 자기의 불우한 처지에 대해서 항상 하나님께 불만을 갖고 있었는데, 그는 완고한 축농증 환자였었고, 하루 아침에 깨닫고 하나님께 대해서 감사하는 마음을 갖게 된 순간, 고질적이던 축농증에서 해방된 일이 있다.

콧병때문에 고민하는 사람은 윗사람에 대해서 거역하는 마음 자세를 고치면 그것만으로도 좋아진 예가 많다.

74. 눈병은 왜 생기는가?

근시(近視)는 왜 생기는가 하는 것부터 우선 알아 보고저 한다.

집안 환경이 점점 어려워지고 부모가 서로 다투는 일이 많아지면 예민한 마음을 가진 자녀들은 자기네들이 놓여져 있는 현실을 외면하려는 마음이 생긴다. 이때 생기는 게 바로 근시가 아닌가 한다.

필자의 예를 보더라도 어려서 부모가 몹시 서로 사이가 나빴고 거의 매일같이 다투지 않는 날이라고는 없었다.

또한 자기 자신이 이 집안에서 필요없는 존재라는 사실을 자주 느끼게 되자, 그때까지 좋았던 눈이 갑자기 근시가 되어 평생 안경 쓰는 신세가 되었고, 아들 역시 필자가 출판사가 파산하고 아주 말못하게 어려운 환경에 놓이게 되자 갑자기 좋던 눈이 근시가 된 것이었다.

대학교 입학시험을 치루던 해에도 밤낮없이 손님들이 밀려오는 바람에 집안이 공부할 수 있는 환경과는 아주 먼 상태였었다.

한편 먼 곳, 먼 앞날을 생각지 못하고 너무 소견이 좁을 때도 근시가 되는 게 아닌가 싶다.

75. 귓병은 왜 생기는가?

김순덕(가명)이라는 처녀가 만성 중이염(慢性中耳炎)을 앓고 있어서 보청기를 끼고 필자를 찾아 온 일이 있었다.

그녀는 거의 듣지를 못했고 발음이 시원치 않았다.

병원에서는 거의 치료가 불가능하다는 판단을 내렸다고 했다.

그런데 함께 온 어머니의 이야기를 들어보니까 아버지가 말못할 주정뱅이어서 술이 취해 들어와서는 밤늦게까지 듣기 싫은 잔소리를 매일같이 늘어 놓는다고 했다.

하도 시끄러워서 공부를 할 수 없다고 하면 마구 때리기 때문에 무슨 말도 할 수가 없노라고 했다.

아버지의 술주정을 듣고 싶지 않은 마음이 뭉쳐서 이 처녀는 귀가 안들리게 된게 분명했다. 말을 잘못하는 것도 같은 이유에서였다.

그런데 이들이 모두 옴 진동수 가족이 되어서 아버지가 술을 끊고 화목한 집안이 된 뒤에 김순덕은 귀가 좋아졌고, 그전에는 무슨 말인지 알아들을 수 없던 발음이 아주 또렷해진 것이었다.

이밖에도 이런 예는 아주 많은 것으로 기억된다.

76. 노이로제는 왜 생기는가?

굉장히 극성스러운 어머니 밑에서 자란 아이들이 자기의 능력 이상의 노력을 하다가 지친 경우 대개 빠져드는 노이로제 증상이다.

노이로제가 되면 그전처럼 밤잠을 자지 않고 공부를 하지 않아도 된다는 것, 부모들이 자기를 극진히 위해 준다는 것에 맛을 들이게 되면 그는 조금만 어려운 일이 눈앞에 닥쳐도 노이로제나 자폐증(自閉症) 증세 속으로 피신을 하게 된다.

영어도 잘못하는 학생이 갑자기 미국에 이민을 가서 치과대학에 들어가자 환경에 적응을 할 수가 없게 되었다.

본래 미국에서 태어난 동생들은 언어에 대해서 아무런 부자유를 느끼지 않지만 20대 초까지 한국에서 자란 큰 아들은 도저히 학교 공부를 계속할 수가 없었다.

결국 심한 노이로제에 걸려서 한국으로 다시 돌아오게 되었다.

그는 한국으로 돌아온 지 얼마 뒤에 정상이 되었지만, 조금만 어려운 일만 생기면 또 다시 노이로제 증상을 나타내곤 했다.

노이로제는 어느 의미에서 자신감을 완전히 상실한 경우에도 생긴다. 싫어하는 공부를 부모가 지나치게 강요할 때, 그는 마음 속으로 부모가 무서워지게 마련이다.

한번 노이로제가 되어서 자기만의 작은 세계 속에 틀어 박히게 된 사람은 좀처럼 그곳에서 빠져 나오려고 하지를 않는다.

이런 경우, 누군가가 따뜻한 마음으로 대해 주고 자신감을 자꾸 북돋아 줌으로써 다른 사람들이 모두 두려운 존재라는 관념을 깨뜨려 줄때 환자는 노이로제에서 해방될 수 있다.

옴 진동수를 장기간 마시게 해서 체액의 진동이 우주의 진동과 같게 해주면 마음에 안정감이 생기게 된다. 자기의 현실을 똑바로 보게 되고, 선의(善意)를 믿게 되고, 잃었던 자신감을 되찾게 되면 노이로제는 좋아지게 마련이다.

그런데 또한 여기서 잊어서는 안될 것은 많은 노이로제는 자신을 잃고 자살한 영혼이 빙의되어서 생기는 경우도 많다.

그러기 때문에 우선 장기간 옴 진동수를 복용시킨 뒤 직접 체질개선 시술과 제령을 해야 될 경우가 가장 많은게 또한 노이로제 환자인 것이다.

필자가 처리한 것도 수백건이 넘는 것으로 알고 있다.

77. 결핵은 왜 생기는가?

결핵은 영양을 잘 섭취하지 못하는 상태에서 지나치게 과로를 할 경우, 신장(콩팥)에 무리가 생기게 되어 신장에서 발생한 유독개스가 폐에 고이게 될 때 생기는 병이다.

또한 정신적으로 항상 비관하여 슬픔을 가슴 속에 간직할 때도 결핵은 발생한다.

'내 슬픔은 없앨 수 없다. 무슨 일을 해도 소용없다'는 극도의 비관은 결핵을 앓게 만드는 것이다.

그러니까 누구 앞에서든 실컷 울어버리어 슬픔을 전부 개방시키고 자기 자신의 능력을 과소평가하는 생활 태도를 버릴 때 환자는 급속도로 좋아지게 마련이다. 마음을 편하게 갖게 되면 가장 잘 치유되는 것이 바로 결핵인 것이다.

옴 진동수를 열심히 마시고, 스피커를 이용하여 자가시술을 할 경우 3기 결핵 환자도 거의 예외없이 3~4개월 이내에 완쾌되는 것을 수없이 보아 왔다.

필자가 연구한 진동수 복용과 체질개선 시술이 가장 효력을 나타내는 것이 바로 결핵이 아닌가 한다.

78. 기관지 천식은 왜 생기는가?

기관지 천식은 필자 자신이 30대에서 40대까지 10년 동안에 걸쳐서 앓은 질병이다.

이 병은 돈에 대한 집착, 뜻대로 일이 되지 않아서 답답한 심정이 지속될 때 생기는 병이 아닌가 한다.

본인 자신이 숨이 막힐 것 같은 환경에 놓여 있다고 항상 생각할 때, 기관지 천식은 생기게 마련이고, 또 병원 치료로서는 완쾌되기가 어려운 병이다.

중년에 들어서서 연달아 사업에 실패하고 집안에 들어앉게 된 사람들에게서 많이 찾아볼 수 있는 병이기도 하다.

그러니까 자기 환경에 만족하고, 남을 원망하는 마음을 버리고 명랑한 생활 태도를 갖게 되면 어느덧 기관지 천식은 증세가 가벼워지게 마련이다.

옴 진동수를 장기간 복용하고 스피커로 자가시술을 하게 되면, 가래가 무척 많이 나온다.

가래가 완전히 빠지면 넓어졌던 기관지확장증이 치유되고, 그러면 자연히 천식 증상은 없어진다.

물질에 대한 지나친 집착을 버리고 현실에 만족하여 마음을 편하게 갖게 되면 쉽게 좋아질 수 있다.

79. 감기에 자주 걸리게 되는 원인은 무엇인가?

감기 하면 이 역시 필자가 거의 40년 동안 단골로 앓던 병이다.

1년 내내 거의 감기를 앓지 않는 날이 없었다. 필자는 가난한 집안의 큰 아들로 태어났는데 선친은 중년 이후에 여러 번에 걸처 파산을 했고, 게다가 술을 굉장히 많이 드시는 분이었다.

'언제 아버지가 돌아가시게 될지도 모른다. 내가 이 집안을 꾸려나가게 되는게 아닌가?'하는 공포심에서 잠시도 헤어나지 못했던 것이 항상 감기를 앓게 된 원인이 아니었던가 생각된다.

무엇을 항상 두려워 하면 마음이 움추러 들게 마련이고, 혈액 순환도 나빠져서 감기 바이러스가 침범하기 쉬운 체질이 되어 버렸다.

심령과학자가 되어 자기 자신의 삶에 대해서 보람을 느끼게 되고 자신있게 살게 된 뒤로는 1년 내내 감기를 앓는 일은 없어지게 되었다.

또한 부모가 항상 공포심을 갖고 살면 아이들도 감기에 잘 걸리게 되는게 아닌가 한다.

항상 은행에서 부도가 날까봐 두려워 하는 사업가도 늘 감기를 앓게 마련이다.

작은 사업체를 갖고 어려운 처지에 놓여 있어도 자신감을 갖고 노력하는 사업가는 건강하지만 큰 업체를 거느리고 있으면서 항상 무엇에 쫓기는 듯한 공포심을 못버리는 사업가는 감기에서 영원히 해방이 되지 못하고 있는 예를 본 일이 있다.

자기의 앞날에 갑자기 불안과 공포심을 느끼게 되면 그는 그 순간부터 감기에 잘 걸리기 쉬운 체질로 변하게 마련이다.

감기는 누구나 앓기 쉬운 흔한 병이지만 요즘은 약으로도 잘 다스려지지 않는 병이다.

위장병과 감기가 만병의 근원이라는 말도 있다. 소위 심령과학자라는 필자도 작년에 뜻하지 않게 고소를 당해 한동안 불안하게 지낸 일이 있는데, 그때 감기에 걸린 것이 그 사건이 원만히 해결될 때까지 영 완쾌하지 못한 경험을 갖고 있다.

신이 아닌 다음에야 내일의 운명을 자신있게 판단할 수 있는 사람은 아무도 없다고 생각한다. 기왕이면 명랑하게 기대감을 갖고 노력을 하면 감기하고는 인연이 없게 된다고 본다.

80. 특별한 이유없이 임신 못하는 여자는 왜 그런가?

'아이를 낳지를 못합니다'하고 필자를 찾아오는 여자들도 많다. 이러한 부인들 가운데에는 월경이 전혀 없는 이를테면 난자가 전혀 나오지 않는 부인이라든가, 정충이 죽어서 나오는 남편을 가진 경우가 있는데 이것은 대개 전생에서 큰 잘못을 저지른 결과이기 때문에 치유하기가 힘들다.

이런 사람들도 1년 이상 옴 진동수를 가족들이 전부 마시고 체질개선 시술을 받고 제령까지 했을 경우에는 아주 드물지만 아이를 갖는 예가 아주 없는 것은 아니다.

여기서는 보통의 몸을 가진 사람, 그러니까 임신할 수 있는 능력을 가졌음에도 불구하고 아이를 임신하지 못하는 사람에 한해서 이야기를 해볼까 한다.

불임일 경우, 많은 경우 여자 쪽에 결함이 있지 않나 생각이 된다.

그녀의 정신상태에 문제가 있다고 보아야 한다. 그것은 어떤 정신의 상태인가 하면 아이를 낳지 못할 때의 여성은 여자답지가 않고 부드러운 데가 없고 다정하지가 못하게 마련이다.

아이의 영혼을 받아드릴 수 있는 따뜻한 마음이 없을 때, 태어나려는 아이의 영혼이 찾아들 까닭이 없지 않겠는가?

또하나 이런 여성들이 생각하지 않으면 안되는 중요한 점은 남편을 세워주는 정신이 부족하다는 점이다.

남자의 성기는 발기하는 것이고, 벌떡 일어선 것을 자랑스럽게 여기는 법이다. 이와 반대로 여성의 성기에는 항상 습기가 있고 오목한 것이다.

따라서 그런 윤택한 상태에서 남편의 입장을 세워주는 정신을 부인이 갖게 되면 남성은 그 기능을 다하게 되는 법이다. 남편을 멸시하고 그 기능을 인정하지 않을 때, 남편은 자신을 잃게 되고 그 결과 아내와의 성생활이 부담스럽게 느껴지게 된다. 아이가 생기지 않는 것은 당연한 일이라고 생각된다.

남녀의 부부생활이 원만하게 이루어질 때, 두 사람은 건강해지고 또한 마음은 안정감을 갖게 된다. 이것은 생명 에너지의 균형이 이루어지기 때문이다.

음양(陰陽)이 완전히 조화를 이루고 있는 부부에게는 아이는 태어나게 마련이다. 또한 크게 다툰 상태에서 성교를 한다든가, 벼락치는 날 밤같은 때는 부부생활은 삼가는게 좋다. 뇌성마비의 아이가 임신되기 쉽기 때문이다.

81. 습관성 유산은 그 원인이 무엇인가?

여기서는 습관적인 유산을 말하기에 앞서서 병적(病的)인 입덧때문에 괴로워 하는 경우부터 살펴보기로 한다. 임신 4개월이 지났는데도 입덧이 점점 심해진다. 밤에는 잠을 자기 못하고 구역질도 심해진다.

이런 병적으로 입덧이 심한 경우는 사실은 임신을 기피하고 싶다는 잠재의식에서 비롯된 것이라고 보아야 한다. 임신을 기피하고 싶다는 마음이 생기는 원인은 여러 가지가 있다.

우선 임신에 대한 공포심때문에 생기는 경우를 들수가 있을 게다. 아기를 출산할 때의 고통이 굉장히 크다는 이야기를 자주 들어서 임신을 기피하는 마음을 갖게 되는 경우도 꽤 많다.

또한 남편과의 사이에서 아이를 낳고 싶지 않다는 마음이 생길 때에도 입덧은 심해지게 마련이다.

한편 입으로는 아이를 보고 싶다고 말하면서도 마음 속으로는 원하고 있지 않을 때도 습관성 유산은 생기게 마련이다.

아이를 가진 것을 강하게 후회할 때 습관성 유산이 되게 마련인 것이다. 또한 첫번째 임신했던 아이를 억지로 유산을 시키게 되면 그 뒤로는 정작 아이를 갖고 싶어도 계속 유산을 하게 되는게 아닌가 싶다.

첫번째 아이를 유산시켰다는 죄악감이 자기는 아이를 가질 수 없는 여자라는 자책심을 낳게 되고, 그것이 습관성 유산의 원인이 되는 경우도 많다.

디욱이 그 첫번째 유산한 아이가 남편의 아이가 아니었을 경우, 그런 일이 있었다는 사실을 남편이 전혀 모르고 있을 경우에도 습관성 유산은 이루어지게 된다.

남편과 성생활을 하면서도 항상 헤어진 애인을 그리워하고 남편이 헤어진 애인이라고 마음 속으로 생각하면서 성교를 할 때에도 아이는 임신되기가 어려울 뿐 아니라 습관성 유산이 되기가 쉽다고 본다.

아이를 갖는 것이 떳떳하지 못하다는 감정은 산모(産母)에게나 아이게게나 모두 해롭게 마련이다.

태어나지 않기를 바라면서 임신한 아이를 마지못해 낳을 경우 의례이 그 아이에게는 결함이 생기게 마련이다. 뇌성마비 어린이가 그 좋은 예라고 할 수 있다.

임산부는 자기가 임신한 아기가 건강하게 태어나기를 바라고, 또 자랑스럽게 생각해야 될 것으로 본다.

82. 갑상성 기능항진증은 왜 생기는가?

갑상선 기능항진증은 여성에게서 많이 찾아볼 수 있는 질병이다.

항상 긴장된 생활을 하고 마음 속에 울분을 축적시키고 있으면 갑상선 기능항진증이 된다. 목이 커지고 눈알이 튀여 나오고, 몸은 바싹 여위게 된다.

인격적으로는 도저히 존경할 수 없는 성격을 가진 사람들이 단지 시부모라는 이유로 복종과 존경을 강요할 때, 며느리는 마음 속으로는 상대편을 우습게 알면서도 겉으로는 울분을 나타내지 못한다. 그러면서도 가정을 원만하게 유지해 나가기 위해서는 항상 긴장된 생활을 해야만 한다.

항상 긴장을 하게 되면 간장에 부담이 가게 되고, 갑상선 홀몬의 분비가 많아지고, 정상보다 신진대사가 빨라진다. 이것이 갑상선 홀몬의 이상분비에서 오는 기능항진증이다.

남자에게서는 찾아보기 힘든 병이다. 번잡한 네거리에서 교통순경을 하는 사람이 갑상선 기능항진증에 걸려서 필자를 찾아온 경우가 있었다. 마음의 긴장을 풀고 할 말은 하고 사는 두둑한 뱃장을 가질 때, 이 병은 좋아지게 된다.

83. 비만증은 왜 생기는가?

보통 의학적으로는 몸무게가 표준 무게 보다 10% 정도 더 무거운 사람을 비만증이라고 부르고 있다.

표준 몸무게라고 하는 것은 자기의 키를 센터로 잰 것에서 100을 빼고 이것을 0.9로 곱한 것이다. 키가 164센티의 사람이라면 여기서 100을 뺀 64에 0.9를 곱하면 57.6이 되는데 이것이 표준 몸무게가 된다. 그런데 57.6에다가 10%을 보태면 63.3이 된다. 따라서 63.3kg 이상이 되면 비만체에 들어간다.

그러나 이런 수치로 나타낸 체중을 보고 비만증인가 아닌가를 따지는 것은 별로 의미가 없다.

문제는 뚱뚱해지므로서 몸이 거북해진다든가 정신적으로 괴로운 사람이 비만증 환자라고 부를 수 있는 종류에 속하지 않나 생각한다.

비만증은 한마디로 말해서 욕구불만에 사로잡혀 있거나 애정에 굶주려 있는 사람들, 내지는 자기를 과장해서 보이고 싶어하는 허세를 가진 근본적으로는 열등감때문에 괴로워 하는 사람들에게서 찾아볼 수 있는 증세이다. 마음이 무엇으로나 굶주리게 되면 육체적으로는 허기진 증세가 나타난다.

비만증인 사람일수록 언제든지 식사나 간식을 많이 하고 반대로 운동하는 것은 싫어하게 마련이다. 현실에 대해서 불만이 많고 마음이 토라진 상태이기 때문에 분주히 움직이는 것을 싫어하게 되는 것이다.

남자보다는 여자에게서 많이 찾아볼 수 있는 증세이고, 특히 중년 이상의 부인에게서 많이 찾아볼 수 있는 현상이다.

남편은 사업에 바빠서 부인에게 등한하고, 아이들은 모두 자라서 자기 생활에 바쁜 가정 주부는 마음이 허전해지고, 그 결과 비만증에 걸리게 되는 것이라고 할 수 있다.

또한 어린이 비만증을 보면 상류생활에 속하는 사람들에게서 많이 찾아볼 수가 있다.

이런 사람들도 옴 진동수를 열심히 마시게 되면 우주의 파장과 몸의 파장이 같아지므로 정신에 안정을 찾게 되고 그 결과 음식을 적게 먹게 된다.

어른의 경우 3개월 이내에 10kg 이상 빠진 예가 많다.

84. 야뇨증(夜尿症)은 왜 생기는가?

아이들은 누구나 어려서는 밤에 오줌을 싸게 마련이다. 그런데 국민학교 상급반, 또는 중학생이나 고등학교 학생이 밤마다 오줌을 싸게 되면 이것은 야뇨증이라고 해서 병으로 치게 된다.

필자도 체질개선과 성격 개선을 통해서 이런 야뇨증때문에 고통받고 있는 환자들을 여러 명 치유시킨 적이 있다.

첫째 야뇨증은 계잡아이 보다는 사내아이에게서 많이 찾아볼 수 있고, 어머니가 늘상 아파서 아들에게 아주 등한힌 경우, 완고한 야뇨증을 앓는 예를 볼 수가 있었다.

어린아이였을 때는 어머니가 관심을 가져 주었기에 어머니의 관심을 자기에게 돌리기 위한 무의식적인 행동이었음이 밝혀졌고, 또한 이 아이는 항상 외로웠고 쓸쓸해서 슬픔을 마음 속에 간직하고 있다가 밤에 잘 때 긴장이 해소되면 눈물로 변형된 형태인 오줌을 싼다는 것이 밝혀지게 되었다.

"네가 자꾸 오줌을 싸면 오히려 어머니는 너를 사랑하지 않게 된다. 갓난 아이로 돌아갈 수는 없는 일이고 또 돌아가려고 해서도 안된다."

고 타이르므로서 좋아진 예가 있다.

야뇨증은 정신적인 공허감에서 생긴 질병이다. 또한 이 야뇨증 역시 진동수를 장기간 복용시킴으로서 마음에 안정감이 생기니까 어느덧 없어진 예도 있다.

고등학교에 다니는 몸집은 어른이 다 된 여고생이 야뇨증 때문에 필자를 찾아온 일이 있었다.

딸만 있던 집안에 아들이 태어나자 부모들의 관심은 모두 아들에게만 쏠리게 되었다. 이 여학생은 어려서부터 항상 외로웠고 쓸쓸했다. 위의 두 딸들은 명랑하고 대범한 성격이었지만 이 셋째딸만큼은 유난히 신경이 예민한 아이였다.

야뇨증은 밤에 마음 속에 축적되었던 외로운 감정과 슬픔이 방출될 때 생기는 증상임이 이 경우에도 증명이 되었다.

진동수 장기복용으로 체질이 개선되고 명랑한 성격이 되자 야뇨증은 없어지고 말았다. 야뇨증이 있다고 해서 부모가 구박을 하는 것은 증세를 더 악화시키게 마련이다.

아이가 열등의식이 강해지고 부모에 대해서 반항심을 갖게 되기 때문이다.

85. 도벽(盜癖)은 왜 생기는가?

도벽은 심령적인 것이 원인이 되어서 생기는 경우와, 또 애정 부족에서 마음이 항상 허전하여 그 허전함을 메꾸기 위해서 생기는 두 가지 경우가 있다.

전생에서 살생(殺生)을 많이 한 사냥꾼이 재생한 경우 그에게 살해 당한 많은 동물령들이 빙의가 되어서 악성의 도벽을 갖게 하여 그로 말미암아 그의 일생을 망쳐 주려는 의도를 성공시키려는 그런 경우가 있었다.

이런 경우는 일정한 기간 옴 진동수를 마시게 한뒤 체질개선 시술을 받게 하고 제령을 했더니 도벽이 없어진 예가 있다.

또한 애정이 부족한 환경에서 자란 아이들이 도벽을 갖는 경우는, 부족한 애정을 물건을 도적질해 가짐으로써 마음의 허전함을 채우려는 무의식적인 행동인 경우도 있다.

이런 경우 부모가 진정한 사랑을 아이에게 쏟을 때 도벽은 없어지게 마련이다. 아이를 나무래고 마음이 멀어지면 멀어질수록 도벽을 고치기는 어렵다는 것을 명심해 주기 바란다.

또한 도벽을 가진 아이에게도, 이런 악습을 버리지 않으면 부모뿐 아니라 주위의 사람들로부터 사랑을 받을 수 없다는 사실을 잘 납득시켜 주어야 한다.

여지껏 잘못 했다고 생각한 일들을 글로 써서 불태우게 하고 이제는 과거의 잘못된 생활과 완전히 결별했다는 자신을 심어주는 것도 좋은 일이다.

집에서 기르던 개를 잡아먹은 경우 그 개의 원령(怨靈)이 자녀에게 빙의되어 도벽을 갖게 한 예도 있다.

자기를 잡아먹든 부모들에게 괴로움을 주기 위해서 이보다 더 효과적인 방법이 어디 있겠는가? 집에서 기르던 개를 죽인다든가 잡아먹는 따위는 하루바삐 시정되어야 할 문제라고 생각한다.

개는 인간과 가장 가까운 위치에 있는 동물이고, 또 인간이 전생에서 큰 죄를 지어서 재생(再生)할 경우 개로서 환생하는 경우가 많다는 것을 우리 모두가 알아야 한다.

도벽은 그 원인만 정확하게 알아내게 되면 쉽게 고칠 수 있는 악습니다.

86. 신장병은 왜 생기는가?

신장병도 심령적인데 원인이 있는 경우와 그렇지 않은 다른데 원인이 있는 경우가 있다.

죽은 사람의 혼이 빙의가 되게 되면 그 망령(亡靈)이 빙의된 육체에서 생명 에너지를 뺏어가고 대신 유독개스를 많이 내뿜게 되어서 피가 극도로 산성화 되게 된다.

결국 산성화 되었다는 것은 핏속에 다른 사람들보다 노폐물이 많아졌다는 이야기다. 신장은 핏속에서 노폐물로 나온 것을 걸러서 오줌으로 내어 보내는 작용을 하는 기관인데 감당하기 어렵게 되면 신장 자체에 고장이 생기게 된다.

오줌을 우선 저장하는 곳이 신우(腎盂)인데 이 신우에 물이 너무 많이 고이게 되면 이 때문에 비뇨기관 전체의 기능이 나빠지게 된다.

그래서 신장에 고장이 생긴 것을 흔히 신우염이라고 하고, 만성 신장염이 되면 체내의 수분이 잘 빠지지 않게 되어 붓게 된다.

증상이 악화되면 몸 안의 독소가 전혀 배출이 안되어 뇨독증(尿毒症)을 일으키게 된다. 뇨독증 단계에 이르면 이미 신장의 기능은 전혀 작용하지 않게 된다.

인공 신장기의 도움을 입게 되면 그 환자는 신장 이식수술을 받지 않는 한 기한부 인생이 된 셈이다.

필자가 경험한 바에 의하면 신장병은 중년 부인들에게서 많이 찾아볼 수 있었다.

여자는 누구나 임신을 하게 마련이고 임신 말기가 되면 태아의 배설물과 모체(母體)에서 발생하는 노폐물질을 다같이 처리하기 위하여 신장에 많은 부담이 된다. 그래서 임신 말기에는 몸이 붓고, 다소간에 뇨독증 증상이 오지만, 순산을 하고 조리를 잘하면 모체는 다시 건강해질 수가 있다.

그런데 아이를 낳고 나서 곧 활동을 하게 되면 체내에 축적된 유독물질을 미처 완전히 배설하기 전에 새로운 부담이 생기게 되어 만성신장염이 되는 경우가 많다.

우리가 알고 있는 의학적인 지식에 의하면 신장병에는 필요 이상의 물을 마시는게 금물이지만, 옴 진동수 복용은 그 예외에 속한다.

진동수는 몸안에 축적된 유독물질과 결합하여 신속하게 배설을 시켜 주는 작용을 하기 때문에 진동수 복용만으로 악성의 신장병이 완쾌된 예는 많다. 소변이 잘 나오고 부기가 빠지게 되면 신장염은 좋아지게 마련이다.

한편 슬픔을 많이 축적해도 신장병에 걸리게 된다. 사람이 슬픈 감정을 계속해서 갖게 되면 피가 산성화 되기 때문에, 핏속에 노폐물질이 많이 생기게 되는 것이다. 슬플 때는 그때 그때 남모르는 곳에서 싫컷 울어버리는 것도 아주 좋은 일이라고 생각한다.

남자들은 마음에 울분이 생기면 그때 그때 가까운 벗들과 술을 마셔서 울분을 털어 버릴 수 있기 때문에 신장염에 잘 걸리지 않는 대신 간장병에 잘 걸리게 되지만 슬픔을 발산할 수 없는 부인들은 신장병에 잘 걸리게 되는게 아닌가 생각된다.

옴 진동수를 장기간 복용해도 하나도 좋아지지 않는 신장병 환자들은 그 원인을 심령적인 데서 찾아 보아야 한다. 직접 체질개선 시술과 제령이 필요한 경우이다.

생활 태도가 잘못되어서 생긴 신장병은 옴 진동수 복용과 집에서 스피커를 이용한 진동 시술을 함으로써 거의 완쾌될 수가 있다.

87. 각종 암은 그 원인이 무엇인가?

한마디로 암이라고 해도 그 암조직이 생기는 부위에 따라서 수십 가지가 된다. 암은 분명히 현대의 난치병 중에서 으뜸가는 병이다.

이 암이 생기는 원인에 대해서 정확하게 대답한다는 것은 매우 어려운 일이다. 우선 필자가 알고 있는 암의 원인에 대한 여러 가지 학설들을 간추려서 소개해 볼까 한다.

첫째가 유전설(遺傳說)이 있다. 암으로 죽은 사람의 형제나 자녀에게 암이 많이 발생하는 데서 주장하게 된 설이 아닌가 한다.

두번째가 각종 공해와 유해식품의 섭취가 암을 유발한다는 학설이 있다.

다음 세번째가 어떤 종류의 바이러스에 의하여 암이 유발된다는 학설이 있다.

네번째로 암으로 죽은 사람의 혼이 빙의되어서 암을 유발한다는 설이 있는데, 이것은 필자가 주장하는 학설이기도 하다.

필자는 이렇게 생각한다. 암은 결코 단순한 한가지 원인에서 비롯되는 것은 아니며, 이상 말한 네가지 원인의 어느 한가지만이 아니라, 이 네가지 원인이 한데 합쳐서도 발생할 수 있는 것이 암이 아닌가 한다.

정상적인 세포는 어느 일정한 크기 이상으로 성장하지 않는데 암 세포는 끝없이 커지면서 주위의 세포들을 침식해 들어 간다.

백혈병은 혈액암이라고 볼 수 있는데, 본래는 외부로 부터 들어오는 세균들을 퇴치하는 백혈구가 자체의 적혈구를 잡아 먹고 끝없이 번식하는게 백혈병이다.

이것은 조혈기구(造血機構)가 미친 탓이라고 볼 수 있다. 피가 극도로 산성화 되거나 유독개스로 해서 인체 세포의 유전인자가 잘못되게 될때 암은 발생하는 것으로 여겨진다.

백혈병 · 뇌암 · 폐암 · 위암 · 간장암 · 자궁암 · 골수암 등 많은 난치병 환자들이 옴 진동수를 열심히 마시고 스피커를 이용하여 옴 진동 시술을 함으로써 완전히 치유된 예가 많은 것을 보면 피를 깨끗하게 만드는 것이 암 치료의 한가지 방법인 것만은 확실하다.

10명 가운데 6~7명은 옴 진동수 복용이나 기타 방법으로 완치된 예가 많다.

88. 당뇨병은 왜 생기는가?

당뇨병은 현대인에게 많은 질병이고, 또한 경제적으로 여유가 없는 사람들 보다는 여유가 있는 미식(美食)을 즐기는 사람들에게서 많이 찾아볼 수 있는 병이다.

약물요법과 식이요법을 병행해서 더러는 치유가 된 예가 있기도 하지만 대체로 완치되기는 어렵다는 것이 통설이다.

우리나라에도 1백 50만명이 넘는 당뇨병 환자들이 있다. 당뇨병은 빙의령에 의한 영병(靈病)인 경우가 많은데 진동수를 열심히 마셔서 완치된 예도 있다.

또한 당뇨병은 마음이 인색하고 의심이 많은 사람들에게서 많이 발병하고 있다.

주위의 가족들을 마음으로 받아들이지 않을 때, 인체에서 필요로 하는 당분을 받아들이지 않음으로써 당뇨병이 생기는게 아닌가 생각된다.

당뇨병에 걸린 뒤에 크게 심경의 변화를 일으키고 너그러운 생활태도로 바꿈으로써 단순한 식이요법만으로 중증인 당뇨병이 좋아진 예도 있다.

옴 진동수를 장기간 열심이 복용한 사람들은 거의 예외없이 당뇨병이 완치되었다.

당뇨병이 이렇게 진동수 복용으로 쉽게 완쾌될 수 있다는 것은 정말 놀라운 일이 아닐수 없다. 작고하신 이선근소아과(李先根小兒

科)원장 선생님 미망인되시는 분은, 본인의 말의 의하면 29년 된 당뇨병을 앓고 계셨는데 진동수 장기 복용에 의해 거의 완쾌하다시피 하여 현재 강원도의 모종합병원 소아과 과장으로 근무하고 계시며, 인슈린 주사도 맞지 않고 정상적인 식사를 하며, 하루에 20~30명 환자를 보고 계시다고 한다.

당뇨병은 일반적인 치료법에서는 물을 많이 마시지 말라고 하지만 진동수를 많이 마심으로써 완쾌될 수 있다는 것을 자신있게 이야기할 수가 있다.

89. 고혈압은 왜 생기는가?

남녀를 가릴것 없이 현대인에게 가장 많은 질병 가운데 하나가 고혈압이다.

옛날에는 고혈압은 중년이상 된 사람들에게서 많이 찾아볼 수 있는 질병이었지만 오늘날에는 반드시 그렇지만도 않다. 20대, 아니 10대에도 악성의 고혈압때문에 괴로워 하는 사람들이 많기 때문이다.

정상 혈압이란 80~120이고, 70~90이 되면 저혈압이라고 하며, 밑의 수치가 100을 넘고 위가 160을 넘으면 이미 고혈압으로 간주된다.

그러나 예외도 아주 없는 것은 아니다. 120~200인데도 하나도 고혈압 증세가 없는 특이한 체질도 있는 것이다.

한마디로 말해서 고혈압은 혈관이 가느러져서 생기는 병이다. 혈관 벽에 찌거기가 끼어서 피가 잘 흐르지 않게 되면 심장은 혈압을 올려 주게 되고, 그 결과 심장은 보통 사람보다 비대해지게 된다.

심장에서 나오는 관상동맥에 이상이 생겨서 고혈압이 되는 경우도 있고, 말초 모세혈관이 가느다랗게 되어서 생기는 고혈압도 있다.

신장이나 간장의 기능이 나빠져서 피를 정화시키는 작용이 둔화되면 피가 탁해지고 그 결과 혈관 벽에 찌거기가 끼게 되어 고혈압이 된다고 보기 때문에 고혈압은 신장이나 간장이 병들게 된 결과로 오는 것이지 고혈압 자체는 병이 아닌 것이다.

고혈압을 예방하는 방법은 되도록 동물성 지방질이 많은 음식을 피하고 식물성 음식을 섭취해야만 된다.

고혈압은 이밖에 심령적인 원인에서도 생긴다. 고혈압을 앓다가 죽은 사람의 혼이 빙의가 되어도 갑자기 고혈압이 되는 경우가 있다.

고혈압 환자는 진동수를 다량 일정한 기간(4개월 이상)복용하면 90%는 완전히 치유가 된다. 여기서 치유가 안되는 사람은 수많은 망령들이 빙의되어 있는 경우로 보아야 한다.

직접 체질개선 시술을 받고 제령을 하면 대부분의 경우 정상이 된다.

고혈압과 반대되는 저혈압도 진동수 복용으로 완치될 수 있다. 저혈압도 심령적인 원인에서 비롯되는 경우가 많다.

종 장

풀리지 않는 수수께끼

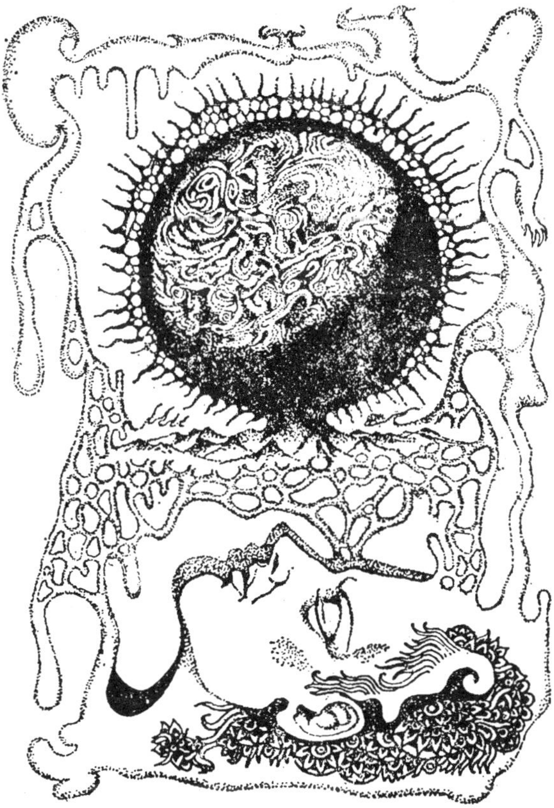

90. 죽은 사람의 영혼이 빙의되어 있는 것은 어떻게 알 수 있는가?

빙의된 사람을 보면 예외없이 눈의 흰 자위가 충혈되어 있고, 또한 눈동자에 힘이 없다. 또한 영사(靈査)할 수 있는 능력자 앞에서는 시선을 피하고 얼굴을 바로 들지 못한다.

또한 신체상으로는 다음과 같은 특징이 있다.

1. 두 어깨가 항상 무겁다. 손과 발이 유난히 차면서도 손바닥은 이상하게 붉은 빛을 띄고 있다.

2. 병원에서 종합 신난을 받아 보년 아무런 이상을 발션할 수 없는데도 본인은 중병인(重病人)임을 자처하고 몹시 괴로워 한다.

3. 낮에는 힘이 없고 해빛 앞에서는 두 눈이 감기고 제대로 눈을 뜨지 못하며, 밤이 되면 기운이 나고, 비오는 날은 기분이 좋다.

4. 질병의 상태가 악화되지도 않고 좋아지지도 않으며, 어떤 약을 써도 처음에는 잘 듣는 듯하다가 나중에는 효과가 없다. 아픈 곳이 자주 이동한다. 또한 낮에는 멀쩡하다가 밤중에서 새벽까지 아픈 시간이 일정하다.

5. 꿈자리가 몹시 뒤숭숭하고 죽은 사람들이 되풀이 해서 꿈에 자주 나타난다.

6. 6개월 이상 아프면서도 더 나빠지지는 않는 질병이다. 본인은 물론이고 가족들에게 만성적인 고통을 주는 질병은 대체로 죽은 사람의 혼이 몸에 붙어서 생긴 병으로 보는게 옳다.

7. 가끔가다 죽은 사람의 환상이 자주 나타나는 경우도 빙의된

경우이다.

8. 자기의 성격이나 행동이 죽은 집안 식구를 닮아가는 것, 또 얼굴 모습이 변하는 따위도 빙의령때문이다.

9. 까닭없이 어쩐지 곧 죽을 것만 같고, 공연히 슬픈 생각이 드는 것도 빙의령때문이다.

10. 가족들이 보기에 얼굴의 인상이 자꾸만 바뀌는 사람, 성격의 변화가 심한 사람도 빙의현상 때문이다.

11. 심한 알콜 중독자로서 술을 안마실 때는 얌전하던 사람이 술만 들어가면 주사(酒邪)가 심한 사람, 그리고 술이 깬 뒤에는 전혀 기억이 없는 경우도 빙의현상 때문이다.

이런 경우는 장기간 진동수를 복용시키면 4개월쯤 뒤에는 체질이 완전히 바뀌게 되고 그렇게 되면 몸에서 전혀 술을 받지 않게 된다.

91. 제령을 하는 방법과 제령이 되는 원리는 무엇인가?

제령을 하는 방법은 환자의 사진을 보고 영사(靈査)를 해본다. 사진에는 보호령이 붙어 있지 않기 때문에 본인을 보는 것보다도 더 정확하게 영사가 되는 경우가 많다. 필자가 보면 환자의 이마 위 부분에 빙의령의 모습이 나타나 있음을 알 수가 있다.

영사한 결과를 환자의 가족에게 문의해서 빙의된 혼이 누구라는 것이 확인이 되면 체질개선연구원의 회원이 되어서 4개월 이상 진동수를 온 가족이 마실 것을 권유한다.

필요하다면 빙의령을 쫓는 구실을 해주기도 하는 성원주(成願呪)를 적어 준다. 가벼운 경우에는 이것만으로도 제령이 되어서 4개월 뒤에는 건강해진다.

빙의령이 집념이 강한 악령(惡靈)일 경우에는 격렬한 반응을 일으켜서 진동수를 못마시게끔 하는 경우도 있다. 이 단계에서 굽히지 않고 필자가 지시한 대로 하면 대개는 병세는 호전되게 마련이다.

4개월의 진동수 복용 기간이 지나면 직접 필자가 경영하는 체질개선연구원으로 환자를 오게 해서 심령치료 시술을 3~4일에 걸쳐 받게 한 뒤, 날을 잡아서 제령을 한다.

제령하는 날에는 환자는 아침식사를 금하고, 필자는 목욕 재개한 깨끗한 몸으로 시작을 해야 한다.

우선 환자의 보호령에게 정중하게 인사를 하고 협조를 부탁한다. 이어서 필자의 보호령과 배후령단에게 부탁을 하고 빙의령이 육체를 갖고 살아 있었을 때의 보호령들을 소환한다. 이들 보호령들을 모신 자리에서 필자가 영사한 결과를 보고하고 빙의령들에게 사람의 몸에 빙의해서는 안되는 이유를 설명해 주고, 인과율(因果律)을 설명한 다음 유계(幽界)에 가서 수행을 하거나 재생(再生)을 하려면 우선 보호령들을 따라서 유계로 가야함을 강조한다.

이 과정에서 대개의 빙의령들은 납득이 되어 이탈을 한다.

동물령들에게는 모르고 살해한 인간의 잘못을 용서하고 우주의 법칙을 따른다면, 그 마음은 이미 동물의 상태를 벗어난 것이 되기 때문에 인간으로 재생(再生)할 수 있게 된다고 설득한다.

평소에 인간의 생활을 부러워해 온 것이 동물들이기 때문에 동물령들을 제령하는 것은 비교적 쉽게 이루어진다.

빙의령들의 한을 풀어 주고 그들의 앞길을 밝혀 주는 행위를 사랑의 정신으로 하면 반드시 제령은 되게 마련이다.

92. 사람마다 보호령이 있다고 하는데 과연 그런가?

사람마다 보호령이 있는 것은 틀림없다. 그러나 대부분의 사람들은 자기에게 보호령이 붙어 있다는 사실을 모르고 있기 때문에 평소에 보호령과 밀접한 관계를 갖고 있지 못한 것도 또한 사실이다.

한편 우리가 살고 있는 이 우주는 인과율(因果律)이 지배하고 있는 세계이기 때문에 그 누구도 자기가 스스로 만든 원인에서 비롯된 결과에서 도망칠 수 없게 마련이다.

이 세상에서 또는 선생(前生)에서 살인을 했나든가 까닭없이 동물들을 죽였을 경우, 그 원한을 가진 혼들이 가해자에게 빙의되는 것을 보호령들이 막을 수 없는 것도 바로 이 때문이다.

첫째는 원한 관계이다. 이것은 자기에게 해를 끼쳤거나, 자기의 목숨을 뺏은 사람에게 해를 끼치려는 분명한 뜻이 있어서 빙의되는 경우이다.

둘째는 죽은 뒤에, 평소에 믿음이 없었던 탓으로 빨리 보호령들이 나타나서 유계(幽界)로 데려가 주지 않았기 때문에 가까운 친지나 믿음직스럽다고 느껴진 사람에게 빙의되는 경우를 들수가 있다.

이런 경우 빙의령은 빙의된 사람을 해치고저 하는 뜻은 없지만 결과적으로는 해를 입히게 된다.

피해자인 살아있는 사람의 생명력이 빙의령에게 일부분 흡수되기 때문이기도 하고, 또한 빙의한 혼이 발생시키는 나쁜 염파(念波)가 빙의당한 사람의 간뇌(間腦)의 여러 기능을 마비시켜 주기 때문에 빙의당한 사람은 빙의령이 생전에 앓았던 질병을 앓게 되기 때문이다.

이 경우, 재미있는 것은 빙의된 혼들이 대부분의 경우, 자기가 이미 죽었다는 사실을 모르고 있는 수가 많다는 것이다.

자기의 육체가 이미 없어졌으니 앓고 있을 까닭이 없는데 빙의된 혼들은 자기가 계속 앓고 있다는 착각을 함으로써 빙의된 사람의 몸에 같은 질병을 앓게 만드는 것이다.

이런 경우에는 빙의령에게 그가 이미 죽었다는 사실을 잘 알아듣게 설명을 해주고 남의 육체에 빙의됨으로써 그를 병들게 해서는 안된다는 것, 속히 보호령을 따라서 유계(幽界)로 돌아가라는 것, 그러면 재생(再生)할 수 있는 기회가 주어진다는 것을 납득시키면 대개의 경우는 기꺼이 이탈을 하게 마련이다.

옛날 사람들은 거의 모두가 영혼의 존재를 믿었고, 또 살아 생전에 조상령을 극진하게 제사를 지냈었기 때문에 죽으면 곧 생전의 보호령 또는 조상령이 마중을 와 주었지만 요즘은 그렇치가 못하고 대개는 죽은 뒤 49일 동안 방치된 상태에 놓여 있다가 본인이 깊이 깨달아서 하나님을 찾거나 보호령을 찾으면 그때 비로소 보호령이 나타나게 마련이다.

그렇기 때문에 고질적인 병으로 고생하다가 죽은 사람들은 저승으로 가는 길을 잃고 미아(迷兒)가 되어서 가까운 집안 식구나 친지들에게 빙의되는 경우가 많다.

또한 살아있는 사람의 영파(靈波)가 죽은 사람과 파장이 맞을 경우에도 망령(亡靈)은 빙의되기가 쉽다.

어떤 사람에게 망령이 빙의되면 보호령은 이를 알기 때문에 필자와 같은 영능력자를 찾아오게끔 암시를 준다. 그리고 또 한가지 깊이 명심해야 할 일은, 보호령이라고 해서 모두가 선령(善靈)은 아니라는 사실이다.

가령 예를 들어서 강도 짓을 업으로 삼거나 살인을 예사로 하는 범법자들은 그들과 영파의 파장이 맞는 악령들이 보호령 노릇을 하고 있다는 사실을 잊어서는 안된다.

우리가 마음을 악하게 먹고 악한 행동을 하면 악령이 찾아와서 보호령이 되기 때문에 점점 악의 구렁텅이에 빠지게 되는 것이고, 우리가 올바른 생각을 갖고 착하게 살면 선령(善靈)이 와서 보호를 해주게 되어 있는 것이다.

이 말은 곧 본인의 마음가짐에 따라서 보호령의 종류도 바뀐다는 것이다.

깊은 신앙을 가진 종교인에게 영격(靈格)이 높은 보호령이 보호를 해주어서 더욱 큰 일을 하게 도와 주듯이, 악인에게는 영격이 낮은 악령이 깃들여서 그를 더욱 타락하게 만드는 것이다. 따라서 모든 것은 자기가 마음 먹기에 달린 것이고, 착한 마음을 갖고 좋은 일만 하려고 노력하는 이에게는 굉장히 영격이 높은 보호령이 보호를 해주기 때문에 죽은 사람의 혼이 빙의되는 것을 막아 줄 수가 있는 것이다.

또한 전생에서 죄를 많이 저질렀거나 또는 이 세상에서 지난날 많은 잘못을 저질렀다고 해도 깊이 뉘우처 반성을 하고 마음을 착하게 갖고 항상 자기의 보호령들에게 감사 기도를 드리고 사람들을 위해 자기가 할 수 있는 범위 내에서 좋은 일을 하고자 노력하면, 업장(業障)은 점차 없어지게 된다.

그 결과 자연히 빙의령도 함께 깨닫게 되어서 이탈을 하게 된다.

이 세상에 태어난 뒤로는 악한 짓은 하지 않았는데 왜 이렇게 불행이 계속되는 것일까 하는 의문을 갖는 분들이 많은데, 그것은 과거세(過去世)에 지은 죄가 현상세계(現象世界)에 그 결과로서 나타나서 점차 사라져 가는 모습인 것이다.

내가 전생이나 또는 지난 날에 지은 잘못이 결과가 되어 나타났다가 사라져 가는 모습이라고 생각하고 더욱 분발하여 선행(善行)을 계속하면 머지 않아서 그 보답을 얻게 되는 것이 우리의 인생인 것이다.

보호령이라고 해서 어떤 경우에나 자기를 보호해 줄 수 있는 것은 아니다. 내가 만든 원인이 결과가 되어서 나타난 현실은 내가 책임질 수밖에 없다는 것, 영격이 높은 보호령이 자기를 보호해 줄 수 있도록 마음과 몸을 다같이 수련하는 것이 가장 중요한 것이다.

93. 운명은 누구나 미리 정해져 있는가?

쉬운 것 같으면서도 매우 어려운 질문이다. 운명이 미리 정해져 있다면 우리가 하는 노력은 모두 헛된 것이라는 이야기가 된다.

한편 운명은 미리 정해져 있는게 아니라면, 우리 모두에게 전생(前生)이 있어서 자기가 만든 원인이 결과가 되어서 자기 뒤를 따라온다는 인과율(因果律)을 부인하는게 된다.

필자는 이렇게 생각한다. 사람의 운명은 절반은 미리 정해진 것이고, 나머지 반은 자기의 노력 여하에 따라서 변동이 가능하다고 본다.

우리가 어느 시대, 어느 나라, 누구의 집안의 남자 또는 여자로 태어나느냐 하는 것은 앞의 세상에서 우리가 그렇게 될 원인을 만들었거나, 또는 스스로 원해서 된 것이기에 이것은 우리로서는 어쩔 수 없는 숙명(宿命)이 아닌가 한다.

그뒤 살아가는 과정에서 일어나는 일들도 절반은 앞서의 세상에서 그 원인이 비롯된 것이고 나머지 반은 자기가 만들어 낸 행위의 결과로서 비롯되는 것이라고 본다.

또한 이렇게 해서 이루어진 한 사람의 일생은 다음 번 태어나는 경우의 여러 가지 운명의 테두리를 만드는 원인이 되는 것이다.

이야기를 종교적으로 다시 설명해 보기로 한다.

사람의 일생동안의 운명은 전생의 인연에 의해 대체로 정해져 있지만, 그 사람이 자신의 수호령과 양심에 충실한 경우, 또는 남을 도우며 착하게 살려는 의지가 강하여 많은 노력을 할 경우 조상이나 부모가 사람을 구하고 있는 경우에는 후천적으로 운명은 수정될 수 있는 것이다.

따라서 먼저 알아 두어야 할 것은 평소에 언제나 자기 자신의 수호령들에게 감사하는 마음으로 기도를 드리고 올바르게 살려는 노력을 해야 한다는 것, 가능하면 국가와 세계가 평화스럽기를 기도하는 생활이(하루에 한번이라도 좋으니까 자신의 생활을 반성하고 기도하는 습관을 갖는게 매우 중요하다) 필요한 것이다.

수호령에게 대한 감사 기도는 곧 창조주이신 하나님께 대해서 감사를 드리는 것과 같기 때문에 자신이 전생에서부터 저질러 온 나쁜 행위나 나쁜 생각에서 비롯된 나쁜 결과가 나타나지 않게 된다.

또한 불행을 겪더라도 가볍게 치루게 되기 때문에 운명이 수정된 것이라고 볼 수가 있다.

한편 조상이나 부모가 사람을 살려 준 일이 있을 경우에는, 그 구함을 받은 사람들의 고마워 하는 상념(想念)이 자연히 그 자손에게 닥쳐 올 재난도 이를 가볍게 해주는 구실을 하게 된다.

또한 구조받은 사람이 이미 죽어서 영혼이 되어 있을 경우에는 유계(幽界) 또는 영계(靈界)로부터 직접 도와서 수호령 (또는 수호천사라고도 한다)과 함께 그 사람을 살길로 안내해 주게 되는 것이다.

이것은 본인의 노력과는 관계없이 운명 수정의 힘이 되어 주는 예라고 할 수 있다. 또한 이런 이치를 모르더라도 인간은 사랑의 정신으로 참된 행동을 하며, 남을 구하고 자기를 스스로 학대하는 일이 없다면 운명은 호전되게 마련이다.

94. 깊은 신앙생활을 함으로써 몸이 건강해지는 이유는 무엇인가?

매우 좋은 질문이라고 생각한다.

올바른 신앙생활을 하는 사람들은 우선 창조주 (필자는 하나님 내지는 우주의식이라고 부른다)가 존재한다는 사실을 믿기 마련이고, 창조주께서 보내 주시는 생명력이 자기 자신을 살려 주고 있다는 사실을 굳게 믿고 있다. 또한 보호령(보호천사 또는 성령(聖靈) 또는 호보신장) 들이 자신을 보호해 주고 계시다는 사실을 확신하게 마련이다.

또한 진실한 기도와 기구를 통해서 우주와 하나가 되는 시간을 많이 가질 때, 그는 빛 자체가 된다.

악령들은 어두운 파장을 가졌기 때문에 이런 사람들과는 서로 파장이 틀려서 결코 침범할 수 없다는 것을 알아야 한다.

모든 난치병과 불치병을 앓게 되는 거의 대부분의 원인은 사악(邪惡)한 망령(亡靈)들의 침범때문인데, 항상 사랑의 정신을 갖고 마음이 조화된 생활을 하는 사람들은 악령과 그 영파의 파장이 다를 뿐만 아니라 강력한 보호령들이 지켜 주기 때문에 뜻하지 않은 사고를 당한다든가 악령들에게 빙의 당하는 일은 없다.

또한 항상 창조주(하나님)께서 생명력을 공급해 주신다고 믿는 한, 대뇌피질(大腦皮質)이나 간뇌(間腦) (또는 구피질(舊皮質))가 정상으로 가동을 하게 마련이다. 그 결과 몸의 모든 기관은 대자연의 섭리대로 작용하게 되기 때문에 건강해 질것은 너무나 당연한 이치이다.

95. 착하게 살려고 애쓰고 있는 데도 불행이 그치지 않는 이유는 무엇인가?

지금부터 구체적인 예를 하나 들어보기로 한다.

얼마 전, 쉰살 가량된 남자분이 필자를 찾아 온 일이 있었다. 그는 지난 과거에 항상 노력을 해 보지만 끝에 가서 실패로 끝나는 똑같은 생활을 되풀이 해 왔노라고 했다.

옴 진동수를 100일 동안 마시게 한 뒤에 필자가 영사(靈査)한 바에 의하면 그는 전생이 이마가와 · 요시아끼(今川義昭)라는 일본인 순경으로서 기미년 3 · 1운동 때에 군중들에게 발포를 해서 여러 사람들을 부상을 입혔고, 끝내는 군중들로부터 맞고 중상을 입어 적십자병원에서 그해 4월 9일에 죽은 일본 사람이 다시 태어난 것임이 밝혀졌다.

그는 일련종(日蓮宗) 신자였으며 일본의 구마모또껜(能本縣) 출신이었다. 죽을때 한 유언이 자기가 본의 아니게 조선 사람들을 많이 다치게 했으니 인간이 거듭 태어날 수만 있다면 앞으로 조선 사람으로 태어나서 속죄의 생활을 하고 싶노라고 했는데 그것이 동기가 되어서 한국인으로 재생한 것임이 밝혀졌다.

그는 얼른 보기에 일본인과 같은 인상이었고, 또한 형사와 같은 느낌을 주는 분이었는데 체질개선 시술과 제령을 받고 전혀 다른 사람으로 변했다.

이런 경우 무릇 재난이라는 것은 지난날에 지은 업장(業障)이 현상세계(現象世界)에 잠시 나타났다가 사라지는 모습이라고 할 수 있다.

속에 들었던 병균이 곪아서 터지는 것이나 똑같은 현상이라고 생각하고 사라져 없어지는 것으로 알고 더욱 선행(善行)·선심(善心)을 갖게 되면 앞으로 크게 닥칠 재난도 작은 불행으로 그치게 되고 차차 좋은 일이 생기게 될 것이다.

96. 착한 사람들은 항상 악(惡)의 희생이 되며, 악한 사람들이 사회적으로 성공하는데 그 이유는?

대단히 어려운 질문이다.

선(善)이란, 전체와의 조화를 이루는 가운데 자기 자신의 입장을 세우려는 정신이고, 악(惡)이란 나만의 욕망의 충족을 위해서 남은 아무리 해쳐도 좋다는 정신에서 출발한 일체의 행위를 말하는 것이다.

우리가 살고 있는 이 우주의 생성법칙(生成法則)을 알게 되면 (그것은 공존공생의 법칙이다) 사람은 절대로 악해질 수가 없는 것이다.

결국 악인이란, 상대적으로 보아서 어린 생명인 것이다.

그는 우선 자기 욕망대로 사는 가운데 한번은 뜻을 이룰 수도 있겠지만 결국은 어떤 형태로는 처벌을 받게 마련이다.

가령 수단 방법을 가리지 않고 타인을 짓밟고 올라가서 잠시는 권세와 돈을 갖게 되더라도, 당뇨병 · 고혈압 · 암과 같은 중병을 앓게 되거나 또는 그가 가장 사랑하는 가족들이 여러 가지 형태의 불행을 당하게 된다.

당대(當代)에 그런 현상이 일어나지 않으면 다음 자손(子孫)의 세대에 가서라도 틀림없이 좋지 않은 변화가 오게 마련이다.

짧은 안목으로 보면 악이 승리를 거둔 것 같지만 긴 안목으로 보면 지금까지 인류 역사에서 악이 끝까지 번성한 예는 한번도 없는 것이다.

인류를 국가 단위로 볼 때도 역시 마찬가지라고 생각된다.

지난 날에도 이웃나라를 침략하고 짓밟은 나라는 결국은 자기가 남에게 준 고통을 스스로 물려 받아야만 했던 것이고, 이제는 전인류가 크게 깨달아서 하늘의 섭리인 조화와 평화공존(平和共存)의 정신을 터득하여 전체적으로 착하게 변하지 않으면, 그리하여 우선 자연을 파괴하는 문명에서 자연 환경의 질서를 되찾는 문명형태(文明形態)로 바뀌지 않는 한, 전인류는 반드시 멸망하게 되어 있고 또 지금이 순간에도 쉴새없이 멸망을 향해 줄달음 치고 있는게 현실이다.

누군가가 또는 새로운 어떤 큰 세력이 나타나서 여기에 대하여 제동을 걸지 않는다면 결국 오늘날의 인류는 반드시 멸망하게끔 되어 있다.

개인이나 국가나 또는 전인류의 단위로서도 이웃과의 조화, 평화공존, 수위 환경과의 조화를 이루지 못한다면 스스로 이 물질세계인 현상세계(現象世界)에서 사라져야만 한다는 이 우주의 철칙을 이해한다면 이 질문에 대한 대답은 절로 나오리라고 생각한다.

악(惡)은 잡초와 같이 그 자체의 생명력이 왕성하기 때문에 다른 화초(花草)들을 짓밟고, 온 마당을 한번은 메우지만 결국은 정원사의 손에 의해 뿌리채 뽑히게 마련이다.

한때는 번성하지만 몰락도 또한 빠른게 악인 것이다.

97. 부부는 일심동체라고 하는데 심령과학적으로는 어떻게 설명할 수 있는가?

우리나라 속담에 남좌여우(男左女右)라는 말이 있다. 이 말은 필자는 이렇게 해석한다.

부부란, 영적으로 보아서는 분명히 일심동체인데 남편의 경우 왼쪽 몸 반쪽은 분명히 자기 몸이나 바른 쪽 반은 아내의 몸이라고 할 수가 있다.

여자의 경우는 그 반대인 것이다.

헤여져서는 안될 부부가 이혼을 했을 경우, 부인은 몸 왼쪽 내장에 고장이 생기고, 남편은 오른쪽 위치에 있는 내장에 고장이 생긴 경우를 많이 보았다.

우연의 일치라고 생각하기에는 너무나 같은 현상이 많이 생겼다.

또한 부부의 애정에 이상이 있을 경우에는 남녀 다같이 허리 통증이 생기기 쉽고, 특히 여자는 자궁에 병이 생기게 마련이다.

부부의 정이 좋은 경우 부인에게 자궁병(子宮病)이 생기는 일은 거의 없다는 것이 필자의 생각이다.

많은 부부들 가운데 전생에서 같은 영혼이 둘로 분화되면서 남녀가 되어 맺어진 경우가 있다.

이같은 경우를 천생연분이라고 할 수 있으며, 부인에게 체질개선 시술을 해주었더니 남편 까지도 체질이 개선된 경우, 또는 그 반대되는 경우도 많다.

이것은 부부의 영파의 파장이 같은 경우이다. 몸은 다르지만 파장이 같으니까 한 사람과 다름이 없는 것이다.

또한 부부가 성교를 하는 것은 일종의 생명 에너지 교환작용인 것이다.

여성은 혼자 있으면 마이너스 에너지가 과잉상태가 되기 쉽고, 남자의 경우에는 그 반대의 현상이 일어나게 된다. 성교를 해서 서로 절정감을 맛보게 되면, 상대편에게 필요한 에너지을 공급해 주게 되어 정신과 육체의 균형이 잡히게 된다.

사랑하는 부부가 성교를 하는 것은 세상에서 흔히 생각하는 음탕한 행위가 아니며 부부가 한 몸이 되었을 때, 두 사람이 다같이 느끼는 끝없이 편안한 마음과 안정감은 에너지 교류현상에서 빚어지는 것이다.

절도있는 부부생활은 오히려 심신의 피곤을 풀어 주고 몸과 마음에 생기를 불어넣어 준다는 사실을 모르는 사람들이 너무나 많다.

어떤 종교에서는 부부의 성생활까지도 죄악시하는 경우가 있는데 이는 당치도 않은 생각이다.

성생활이 죄악에 해당되는 것이라면 하늘이 태초에 남녀의 구별을 지었을 까닭이 없다.

또한 성인 남자가 6개월에서 1년 이상 전혀 성생활을 하지 않으면 (자위행위도 포함) 성기능이 퇴화해서 급격히 노화현상이 오는 것이다.

부인이 중병을 앓아서 몇년 동안 성생활을 하지 않았더니 부인이 건강을 되찾은 뒤에도 전혀 발기가 되지 않는다고 필자를 찾아 온 사람도 있다. 육체의 기관은 안쓰면 그 기능이 퇴화되게 마련이다.

유계(幽界) 또는 영계(靈界)에서의 사랑하는 남녀의 결합은 유체 또는 영체가 하나가 된다는 뜻이며, 이승에서는 잠시 그런 형태를 취하는 것이 부부의 성생활인 것이다.

저승에서 두개의 영혼이 하나가 되어 한 육체를 갖고 태어나면 이것이 바로 복합령(複合靈)인 것이며, 반대의 경우는 분령현상(分靈現象)인 것이다.

부부의 잠자리에서의 위치가 잘못된 경우는 건강에 해롭다는 것을 강조하고 싶다.

남자의 오른쪽 팔 쪽에 부인이 자는게 정상이며, 이 위치가 뒤바뀐 상태에서 오래 살면 두 사람이 다같이 건강을 해치기가 쉽다.

그러나 이승과 저승은 반대이기 때문에 무덤은 마주 보는 쪽에서 보아 왼쪽에 남자의 무덤이 바른쪽에 부인의 무덤을 써야 한다. 이것을 혼동하지 않기를 바란다.

98. 산아제한에 대한 심령과학적인 견해는?

필자는 사람이 태어나고 죽은 것은 분명히 하늘의 뜻이라고 생각한다. 그러나 꼭 산아제한을 해야만 할 경우에 임신된 아기는 이 세상에 태어나지 않고 어머니의 모태(母胎)안에 잠시 깃들이는 것만으로 충분하다. 다시 말해서 인간 세상에 태어날 필요가 없어진 고급령(高級靈)인 것이다.

그 아기가 꼭 태어나야만 할 아기라면 결국 산아제한을 하려던 부부의 마음에 변화를 일으키게 하거나 또는 그밖의 부득이 한 어쩔 수 없는 사정으로 태어나게 마련이다.

낳고 죽는 것을 결정하는 것은 어디까지나 하늘이지 인간은 아니라고 생각되기 때문이다.

또한 앞서도 이야기한 바와 같이 부부 사이의 성행위는 단지 아기를 낳기 위한 목적에서만 행해지는 것이 아니라 부부 사이의 사랑의 교류이며, 상념(想念)의 교류일 뿐만 아니라 음양(陰陽)이라는 두가지 생명 에너지의 교환행위인 것이다.

아기를 낳는다는 것은 그 일부의 목적에 지나지 않는 것이다. 아기를 낳는 것만이 목적이라면 인간도 동물과 같이 일정한 기간에 욕정을 느끼도록 창조되었어야 할게 아니겠는가?

필자는 임신 이전의 산아제한은 결코 죄악은 될 수 없다고 생각하지만, 임신 3개월 이후의 유산은 아기의 몸은 유산이 되지만 그 혼은 그대로 모체(母體) 안에 빙의되어서 여러 가지 자궁병의 원인이 됨을 수없이 경험한 바가 있다.

인공 유산을 전문으로 하는 산부인과 의사가 자궁에 악성 종양이 생겨서 도저히 수술조차 할 수 없어 필자를 찾아온 일이 있었는데, 영사해 보니 수없이 많은 태아의 영혼들이 빙의되어 있었고, 진동수 복용후 제령을 통해 이탈을 시켰던바, 그 난치병에서 완치된 예가 있다.

99. 다시 태어나는 사람과 재생(再生)하지 않는 사람은 어떻게 다른가?

다시는 육체 인간으로 태어나지 않아도 될 수 있는 사람은 바로 창조주이신 하나님의 분령체(分靈體)라는 사실을 깊이 깨닫고 행동도 그와 같이 할 수 있게 된 사람, 이런 사람은 이미 직령(直靈)과 일체가 되어 있기 때문에 육체계(肉體界)에서 인연을 뛰어넘는 경험을 쌓을 필요가 없어졌기 때문에 다시 태어나지 않게 마련이다.

다만 자기 자신이 못 중생들을 구하고 싶다고 생각하여 태어나는 부처나 보살, 성인(聖人)은 예외에 속한다.

또한 아직 해탈(解脫)할 수 있는 경지까지는 이르지 못했더라도 영계(靈界) 또는 유계(幽界)에서도 나머지 경험을 쌓을 수 있어서 인연의 세계인 이승의 세계에서 빠져 나올 수 있다고 신이 판단을 내린 사람도 다시 태어나지 않게 된다.

그밖의 모든 사람들은 몇번이고 거듭 태어나서 참인간이 무엇인지 완전히 깨닫게 되기까지 한 없이 태어나는게 아닌가 생각한다.

실존하는 영혼은 인간 세계와 관계를 맺고 있다.

100. 기적이란 무엇을 말하는가?

이 세상에 일어나는 일들은 모두 우주의 법칙에 의해 생기는 일들이고, 참다운 뜻에서의 기적은 없는 것이다.

3차원 세계에 살고 이는 인간들이 깨닫지 못하고 어리석어서, 4차원 세계의 원리에서 비롯되는 여러 가지 신기한 일들을 그 이치를 알지 못하여 기적이라고 생각할 따름인 것이다.

가장 손쉬운 예를 하나 들어보면 평범한 생수(生水)에 옴 진동을 불어 넣게 되면, 그 순간 물에는 우주에 편재되어 있는 생명 파장(生命波長)이 들어가서 작용을 하게 된다. 그렇게 되면 물은 강력한 생명력을 간직한 물로 변한다.

이 물을 계속해서 마실 때, 체내에 축적되었던 온갖 유독물질과 개스가 배출되고 몸의 신경 조직은 다시 원상태로 복구되고 우주의 생명 근원과 단절되었던 회로가 다시 열리게 된다.

이런 설명이 없이 진동수 복용으로 난치병에서 해방될 때, 사람들은 기적이 일어났다고 생각하게 되는 것이다.

101. 인간의 능력의 차이는 어디에서 생기는가?

이승에서의 능력은 모두가 과거 세상에서의 경험과 연구가 토대가 되어 있기 때문에 과거세(過去世)에서 음악을 공부한 사람은 이승에서 음악으로 크게 성공을 하게 된다.

여섯살에 피아노의 천재다, 또는 여덟살에 전문가 이상의 그림을 그리는 아이같은 경우는 모두 지난 과거 세상에서 진지하게 그 방면에 정진한 사람들이 거듭 태어난 경우인 것이다.

관상가나 손금 보는 사람들이 '이 아이는 장차 어떤 직업이 적격입니다' 라고 말하는 것은 인상(人相)이나 수상(手相)에 그 아이의 전생의 경험이 나타나 있기 때문이다.

현세(現世)에서 과거세에서의 경험이 매우 중요하듯이 이승에서의 노력은 다음 번 세상에서 크게 도움이 된다는 사실을 알아야 한다.

죽음을 눈 앞에 둔 사람이 죽을 때까지 공부나 연구에 몰두하고 있는 모습은 진실로 소중한 것이기 때문에, 내세(來世)를 위해 굉장히 도움이 된다는 것을 명심해야 한다.

인생은 한번에 그치는게 아니고, 수없이 되풀이 된다는 윤회의 법칙은 모든 생명의 진화를 위해 창조주께서 마련해 주신 참으로 고마운 우주법칙이라고 생각되는 이유도 바로 여기에 있는 것이다.

죽을 때까지 굽히지 않고 노력하리라, 이승에서 이루지 못하면 다음 번 세상에서라도 이루리라는 끈질긴 노력이 필요한 것도 똑같은 이유에서다.

동물의 혼이 진화되어서 처음으로 인간이 된 경우와 수없이 많은 윤회를 해서 태어난 사람 사이에 지혜와 능력에 차이가 있는 것도 너무나 당연한 이치이다.

국민학교 밖에 졸업하지 못한 사람과 대학을 졸업하고 그 이상의 공부를 한 사람의 능력에 차이가 있음과 똑같은 이치이다. 사람의 인격은 다같이 소중하지만 능력에는 차이가 있게 마련이다.

102. 우주의 근본 파동설(波動說)이란 무엇을 말함인가?

우주는 높고 낮은 여러 층을 이루고 있는데, 높고 정묘한 층은 빠른 진동으로 이루어져 있고, 낮고 둔중한 층은 느린 진동으로 이루어져 있다. 그 가운데에서 우리가 살고 있는 물질세계는 가장 느린 진동으로 이루어져 있다.

심안(心眼)으로 보면, 우주의 여러 가지 진동이 서로 다른 점이 여러 가지 빛의 차이로 나타난다. 광물보다는 식물편이 진동이 빠르다. 식물보다는 개나 고양이 편이 진동이 빠르다.

개나 고양이 보다 인간 쪽이 더 빠른데, 사람들 가운데도 물욕(物慾)이나 성욕(性慾)에 사로잡혀 있는 사람은 그 몸의 진동이 동물적이며, 또한 높은 심경에 있는 사람은 진동이 빠르며, 따라서 고급령(高級靈)과 공명할 수도 있는 것이다.

현대과학은 물질적인 진동을 취급하고 있지만, 장차는 마음의 세계에서 일어나는 진동도 다룰 수 있게 될 것이다.

그때에는 우주의 비밀이 과학적으로 밝혀지게 되고, 신령(神靈)들의 모습이나 목소리도 물질적인 진동으로 번역되어 보여지게 되어 지구인들의 마음은 크게 변화가 올 것이다.

눈에 보이지 않는 세계를 포함한 전우주(全宇宙)의 구조를 알려면 진동의 원리가 무엇인지 알 필요가 있다. 되풀이 해서 이야기 하지만, 이 땅 위의 온갖 사물도 저마다의 고유한 진동과 파장을 지니고 있는 것이다.

이를테면 필자가 지금 쓰고 있는 펜도 죽어서 움직이지 않는 것 같지만 사실은 굉장한 속도로 진동을 하고 있는 것이다.

'사람은 존재하는 진동 가운데 아주 제한된 작은 범위 안의 진동만을 알 수가 있을 뿐이다. 그밖의 진동의 세계는 사람들에게는 아직 미지의 것이 되어 있다. 물질적인 우주는, 존재하는 우주의 한 작은 부분에 지나지 않는다.'

이것은 어느 과학자가 한 말이다.

이것은 우리들의 눈이, 진동이 너무 빠른 자외선(紫外線)도, 또한 지나치게 진동이 느린 적외선도 볼 수가 없고, 존재하는 빛의 60분의 1에 속하는 가시광선 밖에 보이지 않는 사실로 미루어 보아 납득이 간다.

이것은 우리들이 깊은 층을 이루고 있는 우주의 그 하나의 층만을 보고 존재하는 우주의 전부라고 믿고 있다는 이야기이기도 한다.

우리들 근처에 저승의 유체인간(幽體人間) 또는 유령이 서 있어도 우리들 눈에는 보이지 않는다. 그것은 그들의 유체를 형성하고 있는 진동의 파장이 너무 빨라서 우리들 눈으로는 볼 수가 없기 때문이다.

한편 유령이 문을 통과하는 것은 유령의 몸의 진동이, 문을 구성하는 물질의 진동보다 엄청나게 빠르기 때문이다.

이러한 진동의 원리는 얼른 듣기에 야릇하게 느껴지지만, 우리들의 일상생활에서 항상 이루어지고 있는 마음의 세계 법칙에 대해서 이야기하고 있는 것에 지나지 않는 것이다.

우리들이 상대편의 마음의 진동의 파장에 동조하지 않고서는 상대편의 마음의 상태를 파악할 수 없고, 이해할 수 없는 것도 이와 똑같은 이치인 것이다.

거듭 말하지만 우리가 살고 있는 이 우주는 진동으로 꽉 찬 세계이다. 하나님은 '사랑'과 '지혜'와 '힘'의 진동 파장을 합하신 분이고, 항상 자기의 마음을 닦아서 이에 동조가 될때 그는 곧 '내 안에 아버지가 계시고 아버지 안에 내가 존재하는'상태가 될 수 있는 것이다.

이러한 노력을 우리들 모두가 게을리 해서는 안될 것으로 생각한다.

103. 현대의학에서 난치·불치병들을 완쾌시키지 못하는 이유는 무엇인가?

현대의학에서는 육체가 곧 인간이며, 정신이란 육체가 건전하게 작용할 때 존재하는 현상에 지나지 않는다고 보는게 일반적인 견해인 것이다.

따라서 육체를 지배하고 있는 일종의 전자파 생명체인 영혼을 실재하는 존재로서 인정을 하지 않고 있는 것이다.

따라서 현대의학에서는 죽은 사람의 시체도 살아있는 사람과 별로 다를세 없는 인간이라고 생각을 하고, 또 살아 있는 사람을 두고 임상시험을 하는 것은 금지되어 있다.

그러나 사실에 있어서 죽은 사람의 시체란 인간의 본질이며 주인공이었던 영혼인 전자파 에너지 생명체가 이미 빠져나간 빈 그릇일 뿐 결코 인간 자체는 아닌 것이다.

죽은 사람의 신경(神經)은 전혀 작용하고 있지 않으며, 또한 신경을 움직이던 경락은 소멸된 상태이다.

따라서 영혼이 이미 빠져나간 시체를 갖고 신경조직의 비밀을 알아낼 수 있는 방법은 없다.

또한 현대의학에서는 영혼이 독립된 생명체라는 사실은 전혀 인정하고 있지 않기 때문에 빙의령때문에 생긴 질병에 대해서는 전혀 속수무책인 것이다.

오늘날 대부분의 난치병과 불치병은 빙의령때문에 생기는 질병이기 때문에 현대의학에서 치유를 시키지 못함은 지극히 당연한 일이다.

인간의 완전한 정체를 규명하지 못하는 한, 현대의학은 절름발이 상태를 앞으로도 면하기 어려울 것이다.

또한 각종 공해물질의 몸 안에서의 축적, 유독가스로 인한 각종 난치병에 대해서도 신경 조직의 비밀을 완전히 알아내지 못하는 한 역시 오늘날의 의학은 무력한 상태를 면키 어렵다.

인간의 본질을 과학적으로 완전히 밝혀 내는 날 인간은 우주의 비밀을 거의 다 알게 될 것이고, 오늘날의 3차원의 과학은 4차원의 과학문명기로 접어 들게 될 것이다.

104. 인간의 육체와 영혼은 더 진화될 수 있는가?

대부분 학자들의 의견에 따르면 인간은 생물학적인 면에서 이미 진화가 끝난 생명형태라고 말하고 있다. 아니 어느 의미에서는 이미 진화의 극치에 이르러 반대로 퇴화가 시작된 생명 형태라는 학설도 있다.

인간이 스스로가 발명한 도구에 너무나 의지하게 된 나머지 생물학적인 기관들이 이미 퇴화를 시작해서 인간은 갈수록 허약한 존재가 되어가고 있다는 학실은 분명히 근거가 있다.

이것은 비단 도구에 한한 문제만은 아니다. 옛날에는 인간이 선천적으로 누구나 그 몸안에 간직하고 있는 자연 치유력으로 자연히 완치가 되던 감기같은 병도 약에 너무 의존한 나머지, 자연 치유력은 감퇴되고 약물 치료로도 잘 완쾌되지 않는 현대의 가장 흔한 질병의 하나가 되어 있는 것이다.

각종 위장 질환만 해도 그렇다.

효과적인 단식요법으로 거의 치유가 되었는데도 오늘날 대부분의 현대인들은 한끼만 못먹어도 큰 일이 나는줄 알고 단식요법같은 것은 거들떠 보려고도 하지 않고, 완쾌시키지도 못하는 약물요법에 몇년이고 매달리고 있다.

인간이 스스로의 몸과 마음의 비밀을 밝혀 내어 단련하지 않는 한 인간은 멀지 않아 멸종될 운명에 놓여 있는 존재인 것이다.

현재로서는 인간은 이미 생물학적으로 진화가 정지된 생명체일

뿐만 아니라 퇴화의 길로 접어 들고 있는 것이다. 그러나 여기서 잠시 방향을 바꾸어 생각하면 오히려 이와 반대되는 의견이 나올 가능성도 있다.

인간의 대뇌세포는 줄 잡이서 140억 내지는 150억개 정도가 된다고 하는데, 대부분의 사람들은 그중의 불과 몇 퍼센트 밖에 쓰지 않고 있는 것이다.

그렇다면 안쓰여지는 뇌세포가 왜 이렇게 많은가? 자연의 섭리는 불필요한 일을 하지 않는데 이는 언젠가 아득한 옛날에는 인간이 이 많은 뇌세포를 썼다는 이야기도 될수 있고, 또한 앞날에 이를 개발해서 쓸수 있다는 이야기도 되는 것이다.

뇌의 기능을 살펴보면 뇌세포는 완벽하게 관리만 하면 300년 동안 쓸수 있다는 학설도 있다.

이것은 언젠가 모를 아득한 옛날에는 300년까지 살았었다는 이야기가 되는 것이다.

'인간은 태양빛 에너지'가 물질의 형태로 변한 동식물을 먹고 살고 있는 것이다.

옴 진동수의 장기적인 복용과 효과적인 태양 에너지 흡수법을 병행하면 인간은 늙지도 병들지도 않을 뿐더러 초능력자가 될 수 있으며 현재는 대부분의 사람들이 쓰고 있지 않은 뇌의 구피질(舊皮質)에 해당되는 부분의 사용이 가능해질 것이다.

이러한 방법에 의해 인간은 스스로 옴 진동을 낼 수 있는 육체로 변하면 체내에 축적되는 모든 공해물질을 완전히 몸 밖으로 배출할 수가 있는 것이다.

보통 사람들의 몸은 몇천년 전의 공해가 전혀 없던 시대의 작용을 그대로 할 뿐이기 때문에 이대로 가면 인간은 멸종될 수밖에 없다.

필자가 개발한 방법을 쓰면 인간은 현재보다 훨씬 능력이 뛰어난 초인종(超人種)으로서 진화가 가능하다고 본다.

필자의 실험 결과에 의하면 우리 인류는 진화가 정지된 생명체는 아니다. 단지 인공적인 방법을 써서 생물학적으로 진화하는 방법을 모르고 있을 따름인 것이다.

□ 저자 연보

1931년(신미년) 9월 19일 서울에서 부친 안근수(安根洙)와 모친 곽춘서(郭春瑞) 사이에 6형제 가운데 장남으로 출생함. (음력으로는 8월 8일생), 「동민(東民)」이란 이름은 부모의 결혼식 주례를 서 주신 춘원(春園) 이광수선생이 출생 이전에 지어 주신 것임.

1945년(14세) 재동국민학교를 졸업하고 경기중학(6년제)에 입학.

1948년(17세) 교내에서 발간되는 《경기문단》 제4호에 처녀작 〈소년의 죽음〉 (소설)을 발표. 이어서 《문예경기》에 〈여류문사(女流文士)〉 (중편소설)을 발표함. 또한 《주간서울》에 〈서글픈 이야기〉를 발표함.

1951년(20세) 경기중학(제47회)을 졸업하고 서울대학교 문리과대학 국문과에 입학. 경향신문에서 모집한 장편소설에 〈성화(聖火)〉가 당선되어 문단에 첫 데뷔.

1953년(22세) 조선일보 신춘문예 모집에 응모, 중편소설 〈밤〉이 입선.

1954년(23세) 장편소설〈성화〉가 희문사(熙文社)에서 출간.

1955년(24세) 《행복의 발견》(박영사), 《잃어버린 지평선》 (신태양사), 《고아(孤兒) 마리아》 간행됨.

1957년(26세) 서울대 물리과 대학 국문학과 졸업. 〈어느날 밤〉을 비롯한 20여편의 방송소설을 발표함. 단편집 《문(門)》(태백사), 《폭풍의 언덕》(희문사), 《이해와 오해》(신교출판사), 《벤저민 푸랭크린전(傳)》 간행.

1958년(27세) 방송동화집 《이상한 꿈》(경문사), 《해는 또다시 뜬다》(일신사) 간행.

1959년(28세) 《평화를 위한 교육》(을유문화사) 《한낮의 망령》(박영사), 《사랑하는 사람들》(양문사) 간행. 9월 21일 윤병

선과 결혼.

1960년(29세) 장남 도열(度烈, 7월 6일) 출생.

1961년(30세) 단편집《익춘(益春)》,《코얼 걸》(수도문화사),《만장(輓章)》(여화사),《죽은 혼》(을유문화사) 간행. 장녀 경희(京希, 10월 8일) 출생, 12월 4일 출판사「동민문화사(東民文化社)」창립.

1963년(32세) 중편〈백양(白羊) 선생〉이 일본어로 번역, 일본 동화신문(東和新聞)에 연재.

1964년(33세)《다정한 손님》,《이레느 부인》(동민문화사),《숙영낭자전(淑英娘子傳)》(을유문화사) 간행.

1966년(35세)《광란의 대지》,《비밀지령 자살》,《사랑이 흘러간 곳》(신아출판사) 간행.

1967년(36세)《이 아름다운 인생을 위하여》(신민출판사),《사랑의 명언(名言)》(풍년사) 간행.

1968년(38세) 제3단편집《어느날의 아담》(동민문화사) 간행.

1971년(40세) 차녀 선희(宣熙, 7월 17일) 출생. (안동민 전작집(安東民全作集)》(전5권),《푸른 교실》(동민문화사),《내 나라 내 민족》(을유문화사) 간행.

1973년(42세)《보병궁 복음서》(동민문화사),《일본열도침몰》(휘문출판사)《대지(大志)》(전10권)(대하출판사) 간행.

1974년(43세)《모계(謀計)》(전4권)(어원각),《베스트 프랜드》(문예출판사),《심령과학》,《영혼과 4차원세계》(대종출판사) 간행.「성광(聖光)자기(磁氣)체질개선연구원」을 창립.

1975년(44세)《사후의 생명》,《제령(除靈)》,《기적과 예언》,《영계에서 온 아내의 편지》,《육감(六感)의 세계》,《악령(惡靈)》(대종출판사),《인형의 집》(문예출판사),《펄벅전집》(전5권)(광학사),《땅 속 나라 여행》(을유문화사),《덕천가강

(德川康)》(전4권) (인물출판사) 간행. 12월에 체질개선 연구를 보급하기 위해 일본 여행.

1976년(45세)《심령치료》(대종출판사) 간행.

1977년(46세) 여성세계지(誌) 1월호부터 6월호까지 〈심령과학〉 연재함.《심령진단》(대종출판사) 간행.

1978년(47세) 학생중앙과 주간중앙에 〈방랑4차원〉 12개월 동안 연재함.《학원》에 〈심령과학 이야기〉와 독서신문에 〈심령과학이란 무엇인가?〉 게재. 출판사「성음각(聖音閣)」창립함.《방랑4차원》(성음각) 간행.《보병국 복음서》(성음각) 통신판매를 시작함.《대웅(大雄)》(지경사) 간행.

1979년(48세)《속 방랑4차원》(성음각),《남극의 우주괴물》(을유소년문고) 간행.

1980년(49세)《심령치료》,《심령진단》,《제령(除靈)》,《심령문답》 등이 일본 대륙서방(大陸書房)에서 간행.

1981년(50세)《심령문답》(불어판, 영문판) (성음각),《방랑4차원》(일어판),《자기 창조의 철학》(문예출판사) 간행.

1982년(51세) 1월부터 4월까지 대만, 홍콩, 일본 등을 여행함. 같은 해 6회에 걸쳐 해외 여행함.《심령세계로의 여행》(일어판),《노스트라담스의 유서》(단편집)(성음각),《심령교실》,《인류의 원점을 찾는다》(성음각) 간행.

1983년(52세)《부사산(富士山) 대폭발은 막을 수 있다》(일어판,《신령》(공저, 일어판) 간행.

1985년(54세)《행복의 발상》(일어판 및 한국어판),《경이의 심령수(心靈水)》(일어판) 간행.

1986년(55세)《청진발래적 전화(淸眞撥來的電話)》(중국어판, 단편집) 간행.

1987년(56세)《심령력(心靈力)》(일어판), 심령 장편소설인《나》(청맥사),《성도학(性道學)》(이화문화사) 간행. 주간경향에 〈안동민의 미래여행〉 연재됨.

1988년(57세) 주식회사「가마기업」창립. 장편소설《성화(聖火)》(인간사), 심령시집인《사랑과 슬픔의 강물을 넘어서》(인간사),《세계통일의 원리》(성음각),《풀안경》(공저, 한국아동문학대표작선집)(웅진출판사) 간행. 제2 심령시집《사랑과 미움의 강물을 넘어서》제3 심령시집《사랑과 기쁨의 강물을 넘어서》제4 심령시집《비, 바람 구름이어라》(성음각) 간행.

1989년(58세)《전생을 봐드립니다》(명문당) 간행. 제5 심령시집《하늘을 머리에 이고》(성음각) 간행. 안동민전집 ①《사랑이 찾아들때(제1부 聖火)》②《사랑이 찾아들때(제2부 그날이 오면)》(성음각) 간행.

1990년(59세)《안동민전집(前期)》③《초인탄생》④《백양선생》(성음각) 간행. 3인공동시 시조선집《갈빛의 노래》(성음각) 간행. 금성 테크노피아지에 수필 1년 동안 연재함.《자기 자신과의 싸움》(명문당) 간행.

1991년(60세)《인과응보》(上,下)(서음출판사),《초능력과 영능력》(전3권)(서음출판사),《사후의 세계》《심령의 세계》(서음출판사) 간행.

1992년(61세)《업장소멸》(전3권)(서음출판사) 간행.

편저자 약력

서울에서 출생하여 서울대 문리대 국문과를 졸업. 1951년 경향신문 신춘문예에 「聖火」가 당선되어 문단에 데뷔. 그후 일본에 진출하여 「심령치료」「심령진단」「심령문답」등을 저술하여 일본의 심령과학 전문 출판사인 대륙서방에서 간행하여 큰 호응을 얻었으며, 다년간 심령학을 연구함. 그후 「업」「업장소멸」, 「영혼과 전생이야기」「인과응보」「초능력과 영능력개발법」「최후의 해탈자」「사후의 세계」 「심령의 세계」 등 심령과학시리즈 20여종 저술(서음미디어 간행)

중판발행 2025년 3월 5일
발행처 : 서음미디어
등 록 : No 7－0851호
서울시 동대문구 신설동 94－60
Tel (02) 2253－5292
Fax (02) 2253－5295

편저자 | 안 동 민
기획/편집 | 이 광 희
발행인 | 이 관 희
본문편집 | 은종기획
표지 일러스트
Juya printing & Design

홈페이지 www.seoeumbook.com